はじめに

　コンピューターやスマートフォンの普及により、誰もが手軽に音楽を聴いて楽しむことができるようになったばかりでなく、音楽をつくる楽しみも身近な存在になってきました。

　本書は、音楽をつくりだす人、すなわち「ミュージッククリエイター」にとって必要な基本知識を、6つの章に分けて収録しています。

　1章では現代の音楽制作において必要不可欠とも言えるDAW（Digital Audio Workstation）に関する内容、2章ではMIDIに関する知識、3章では音楽制作で使用されるケーブルやコンピューターの知識、4章ではオーディオに関する知識、5章では楽譜に関する知識、6章では著作権に関する知識を記載しました。さらに付録として実践的なDAWの操作を学べるようになっており、音楽制作を始める上での入門書としてまとめています。

　MIDI検定4級公式ガイドブックでもある本書を活用していただき、DAWを活用する上でつまずきやすい専門用語や、様々な機能の意味などを理解しながら、「ミュージッククリエイター」の第一歩を踏み出していただければ幸いです。

目次

1章 DAW と音楽制作

- 1-1 コンピューターで広がる音楽の世界　　4
- 1-2 MIDI データとオーディオデータ　　6
- 1-3 目で見る MIDI データ、オーディオデータ　　8
- 1-4 DAW を中心とした音楽制作システム　　10

2章 MIDI の知識

- 2-1 MIDI について　　12
- 2-2 MIDI メッセージの仕組み　　14
- 2-3 GM とスタンダード MIDI ファイル　　16
- 2-4 GM の音色（1）　　18
- 2-5 GM の音色（2）　　20
- 2-6 GM のドラム音色　　22
- 2-7 アコースティック楽器、電気楽器、電子楽器　　24
- 2-8 電子楽器とシンセサイザー　　26

3章 ケーブルとコンピューターの知識

- 3-1 接続端子とケーブル　　28
- 3-2 コンピューターの構成と仕組み　　30
- 3-3 ファイルの扱いと外部ストレージ　　32
- 3-4 タブレット・スマートフォンを使用した音楽制作　　34

4章 オーディオの知識

- 4-1 音の基本知識　　36
- 4-2 録音の仕組み　　38
- 4-3 サンプリングの仕組み　　40
- 4-4 オーディオファイル　　42

5章 楽譜の知識

　5-1　楽譜の読み方1（音の高さ、長さなどに関する基本知識）　　　44
　5-2　楽譜の読み方2（演奏に関する基本知識）　　　46
　5-3　音程と音階　　　48
　5-4　コードの知識　　　50

6章 著作権

　6-1　著作権と著作隣接権　　　52
　6-2　著作物の利用とパブリックドメイン　　　54

付録　DAWの操作体験

　DAWの基礎知識〜楽曲制作の基本手順　　　56
　各パートトラック作成のためのMIDI打ち込みのポイント　　　58
　作品を聴いてもらうための作業　　　60
　主なオーディオ編集方法　　　62

1章 DAWと音楽制作　1. コンピューターで広がる音楽の世界

音楽制作におけるコンピューター活用とDTMについて学びましょう。また、コンピューターによる音楽の再生やリリース、スマートフォンやタブレット端末の活用についても知りましょう。

音楽制作とコンピューター

私たちは日常生活の中で、テレビやCDから様々な音楽を耳にしています。それらの音楽の多くは、制作や編集の過程でコンピューターが活用されています。例えばそれは、演奏の収録や編集、音資料の作成、BGM制作、楽譜の印刷、作曲作品のCD制作などさまざまです。レコーディングスタジオで演奏を録音する際に使われていた、テープを媒体とするMTR（マルチトラックレコーダー）などの専用機も、今ではほとんどがコンピューターを活用した機器に移り変わっています。今日の音楽制作にとってコンピューターは欠かすことのできない存在となっています。

DTMの普及と発展

コンピューターを活用した音楽制作は、机の上で誰もが楽しめることからDesk Top Music（DTM）と呼ばれて普及してきました。DTMは1990年頃にシーケンスソフト（MIDIデータの入力・編集機能を備えたアプリケーション）を中心とした音楽制作システムとして誕生しました。当時はコンピューターの処理能力がまだ低く、演奏の録音など高度な音楽制作は不可能でした。そこでディスプレイに表示された五線譜にマウスを使って音符を張り付け曲作りするスタイルで、曲を再生するとコンピューターと接続したシンセサイザーに演奏データが送られて音が鳴るというシステムが一般的でした。

その後コンピューターの処理能力が飛躍的にアップするとともにDTMのスタイルも大きく発展し、現在ではDigital Audio Workstation（DAW）と呼ばれるアプリケーションを中心として音楽制作が行われています。

DAWによる音楽制作

DAWは演奏データの入力編集機能に加えて、演奏の録音や編集機能、音響効果（エフェクト）、ミキシングといった音楽制作するために必要なすべての機能を備えるアプリケーションです。DAWの発達によって録音スタジオのような高度な編集作業も自宅で手軽にできるようになり、音楽制作の世界は大きく広がりました。

コンピューターによる音楽再生

コンピューターは、購入した時から音楽を手軽に再生する機能を搭載しています。オーディオCDやWAV、MP3、MIDIといった音楽ファイルは、Windowsに付属のWindows Media PlayerやMacに付属のiTunes、QuickTimeを使うと簡単に再生できます。インターネットに接続すれば、動画サイトや音楽ストリーミング配信サービスが楽しめます。また、ハイレゾ音源などのハイエンドオーディオの再生にも活用されています。

音楽のリリース

コンピューターを使うとオリジナル作品を手軽にリリースすることもできます。オリジナルCDを作ったり、楽曲データを音楽共有サイトへアップロードしたりするなど、作品を発表して多くの人に聴いてもらうことができます。

スマートフォン、タブレットの活用

スマートフォンやタブレット端末の普及に伴い、コンピューターと同様にこれらの機器でも音楽制作・再生・リリースの作業が行えるようになりました。演奏データの入力、ボーカルや生演奏の録音を

1章 -1
コンピューターで広がる音楽の世界

はじめ、音楽ファイルやインターネット経由でダウンロードした音楽の再生、作成した楽曲の配布などの作業は、スマートフォンやタブレットを使っても行えます。簡単にインターネットに接続でき持ち運びが容易である特性を活かして、屋外で音楽を聴いたり作ったりする用途で使われます。iOS やAndroid で動作する DAW をはじめとする音楽アプリケーションも充実してきました。

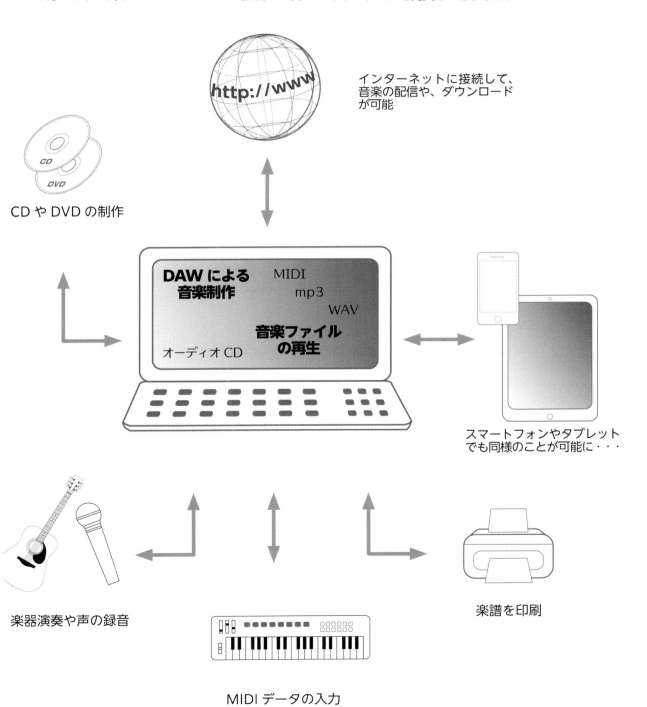

1章 DAWと音楽制作　2. MIDIデータとオーディオデータ

音楽制作に活用されるMIDIデータとオーディオデータについて、またそれぞれの特徴と活用方法について学びましょう。MIDIデータとオーディオデータの特徴を活かすことがコンピューターを活用した音楽制作のポイントです。

MIDIデータとは

MIDIは電子楽器同士で演奏情報を伝達するための規格です。MIDIが伝達する楽器の演奏情報を、時間軸に沿って記録したものをMIDIデータといいます。ピアノを例にとると、弾いた鍵盤の位置（音の高さ）、弾くときの打鍵の強さ（音の強さ）、鍵盤を押さえている時間（音の長さ）をそれぞれデータ化しています。また、ペダル操作やボリュームの操作、音色の切り替えなどの操作も含まれます。

MIDIデータの特徴

MIDIデータは修正や編集が容易で、演奏を聴きながら表現を見直したり、音符を選んで1音ずつ入力したりすることも、楽譜形式で表示したり楽譜を印刷したりすることもできます。またデータサイズが小さく保存や送信が容易なため、通信カラオケを始めさまざまなアプリケーションや用途に活用されています

MIDIデータと音源システム

MIDIデータは、音源（システム）で再生することで音として聴くことができます。音源とはシンセサイザーのエンジン部分のことで、さまざまな楽器の音色を合成することができます。音源には、ハードウェアのシンセサイザーや音源モジュール、ソフトウェアのシンセサイザーがあります。

オーディオデータとは

ボーカルや楽器の演奏は、音として空気中を伝わり私たちの耳に届きます。テレビやCDの音楽も同様の仕組みで耳に届きます。音は楽器やスピーカーの振動で生み出され、空気中を波として伝わり、耳に届きます。

音のことを音楽制作の世界ではオーディオと呼び、音（オーディオ）を録音してデータ化したものをオーディオデータと呼びます。すなわち、オーディオデータとは音そのものであるといえます。

オーディオデータの特徴

オーディオデータは音そのものですから、MIDIデータとは異なり再生するだけで音として聴くことができます。録音した楽器の音をそのままリアルに再現できるのもオーディオデータの特徴です。一方、MIDIデータに比べてデータサイズが大きく、修正が苦手という特徴もあります。たとえばオーディオCDに収録されているステレオのオーディオデータの場合、1分間で約10Mバイトのデータサイズがあります。これはMIDIデータのおおよそ500～1000倍のデータサイズです。

MIDIデータとオーディオデータの活用

DAWでは、MIDIデータとオーディオデータの両方について入力（録音）や編集を行うことができます。MIDIデータとオーディオデータの特徴を活かしながら楽曲の演奏を作成することが、現代の音楽制作のポイントといえます。

1章-2
MIDIデータとオーディオデータ

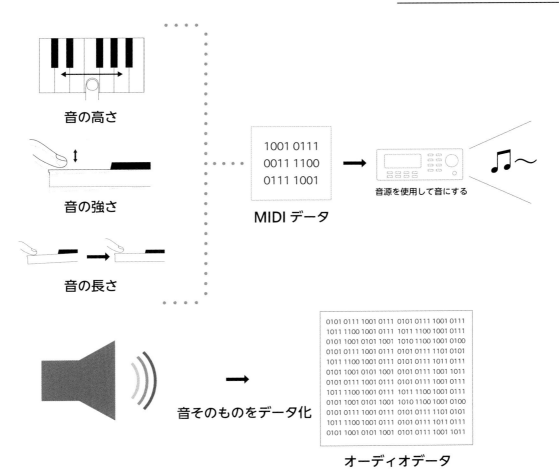

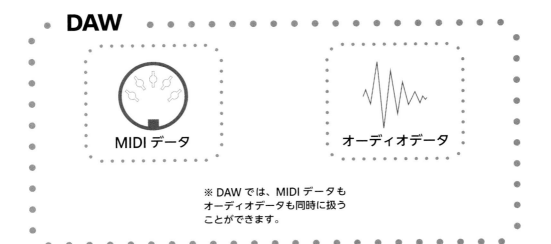

※ DAWでは、MIDIデータもオーディオデータも同時に扱うことができます。

3. 目で見る MIDI データ、オーディオデータ

MIDI データやオーディオデータが DAW によってどのように表示されるかを確認し、各データに対する理解を深めましょう。

目で見る MIDI データ

MIDI データは、DAW によって次の 3 種類の形式で表示することができます。各表示形式の特徴や用途について確認してください。

●楽譜表示（スコア表示）

MIDI データを五線譜上に表示し、楽譜（スコア）の形式で確認できる表示形式です。音楽制作者にとって見慣れた表示形式なので演奏内容を確認しやすく、楽譜として印刷することもできます。楽譜表示はピッチミスの発見や演奏データの確認もしやすく、メロディー譜などの印刷は資料作成にも便利です。

●グラフィック表示（ピアノロール表示）

MIDI データをグラフィカルに表示し、細かい演奏表現を確認しやすくした表示形式です。19 世紀頃に使われた自動ピアノの演奏を記録した巻紙が「ピアノロール」という名前の由来です。縦軸に音の高さを、横軸に小節・拍（演奏の位置）を割り当て、音符を横長の棒状の記号で表します。棒の左端が音を出した（鍵盤を押さえた）タイミング、右端が音を止めた（鍵盤を離した）タイミングで、棒の長さが音の長さを示します。さらに、ピアノロールの下部に音の強さ（ベロシティー）を棒グラフで表示する欄が付いており、ダイナミクスの表現が確認しやすいのも特徴です。音の長さや演奏タイミング、音の強さの微妙な違いなどを表示できるため、MIDI データの入力・修正作業では最も活用される表示形式です。

●数値表示（イベントリスト表示）

MIDI データを数値の状態で表示し、演奏内容を正確に確認できる表示形式です。表示内容は MIDI データの種類によって異なり、音符の場合は演奏位置、音の長さ「デュレーション（ゲートタイム）」、音の高さ「ノートナンバー」、音の強さ「ベロシティー」が数値で表示されます。演奏データの一つひとつを微調整したい場合や、実際に演奏されるデータの状態がどのようになっているかを確認したい場合などに使われます。

MIDI データの入力方法

DAW では MIDI データの入力方法として、楽器の演奏をそのまま記録するリアルタイム入力と、マウスや MIDI キーボードから音符を 1 つずつ入力するステップ入力の 2 つの方法があります。

目で見るオーディオデータ

オーディオデータは、DAW では波形として表示されます。モノラルの場合は 1 段、ステレオの場合は L（左）と R（右）の 2 段の波形として表示されます。波形表示は縦軸に音量（音圧）、横軸に時間をとり、オーディオデータ（音）の時間的な音量（音圧）変化を表します。波形の上下の幅が広い部分は大きな音、狭い部分は小さな音であることを示します。

DAW の編集機能を使うと、波形表示を横（時間）軸方向に選択して切り貼り編集したり、音量の修正や逆再生など様々な編集が可能です。さらに波形修正機能を搭載した DAW では、ピッチやテンポを部分的に修正するなど、高度な修正も可能となります。

オーディオデータの作成方法

オーディオデータはマイクやラインから録音して作成する以外に、オーディオ素材を読み込んで利用する方法、オーディオ CD から直接コンピューターに読み込む方法（CD リッピング）があります。

1章 -3
目で見るMIDIデータ、オーディオデータ

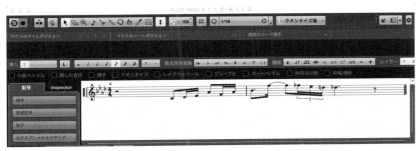

楽譜表示（スコア表示）

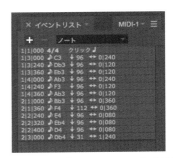

数値表示（イベントリスト表示）

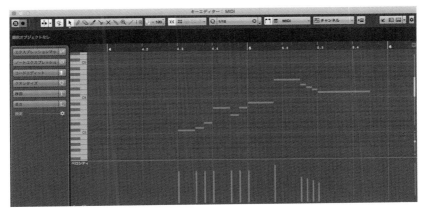

グラフィック表示（ピアノロール表示）

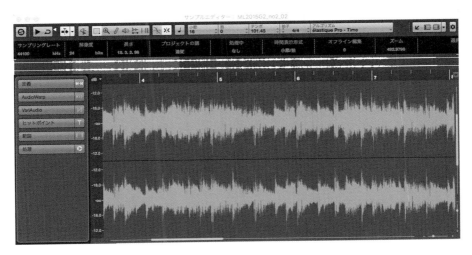

オーディオデータ

1章 DAWと音楽制作

4. DAW を中心とした音楽制作システム

DAW を中心に音楽制作を行う場合に必要なハードウェアとアプリケーションについて知りましょう。

DAW（Digital Audio Workstation）

音楽制作の中心となるアプリケーションです。MIDI データの入力・編集機能、オーディオデータの録音・編集機能、音源機能、エフェクト機能、ミキシング機能など、音楽制作に必要なすべての機能が搭載されています。初心者用のものからプロ用の高機能なものまで、様々なタイプのアプリケーションが開発されています。

オーディオインターフェース

コンピューターの音の出入り口となるハードウェアです。コンピューターと USB などで接続して使用します。楽器の演奏を録音したり、DAW で再生した演奏を良い音質で確認したりするために必要です。コンピューターにもオーディオ機能は付属していますが、一般的に音質が決して良くなく録音中に演奏を聴くためのモニター環境も整えにくいため DAW による音楽制作には適しません。そのため、本格的な音楽制作を始めるにはオーディオインターフェースが必須となります。

MIDI インターフェース

MIDI 端子を備えた電子楽器をコンピューターに接続するためのハードウェアです。コンピューターとは USB や Bluetooth などで接続して使用します。MIDI 端子を備えた電子ピアノやキーボードを使って MIDI データを入力したり、ハードウェアのシンセサイザーを使用して MIDI データを再生する際に必要となります。ケーブル状のものや複数の機器を接続できるユニットタイプのものなどがあります。また、オーディオインターフェースに MIDI インターフェース機能が搭載されている場合もあります。

MIDI キーボード

コンピューターと接続して MIDI データを入力するための、音源を内蔵しないキーボード型のコントローラーです。コンピューターとは USB や Bluetooth などで接続します。DAW に MIDI データをリアルタイムで入力したり、ソフトウェアシンセサイザーを手弾きで演奏する場合に必要となります。MIDI 情報を効率よく入力するためのボタンやスライダーなどが搭載されているものもあります。音源を内蔵していないため、単体で音を出すことはできません。

シンセサイザー（音源システム）

MIDI データを受信して音を鳴らすためのもので、ソフトウェアとハードウェアのシンセサイザーがあります。ほとんどの DAW にはソフトウェアシンセサイザーが付属しているため、別途準備しなくても音楽制作をスタートできます。DAW に付属している以外のシンセサイザーを追加することで、音色のバリエーションを増やしたり、最新のシンセサイザーサウンドを使ったりすることができます。必要に応じて追加すると良いでしょう。

モニタースピーカー / ヘッドフォン

オーディオインターフェースに接続して、DAW で再生した演奏を良い音質で確認するためのものです。音楽制作用のものはモニター用と呼ばれ、原音を忠実に再現するよう設計されています。モニター用ではないもの（リスニング用）は、心地よい音で音楽が聴けるように低音を持ちあげるなど音に色付けをしており、音を正確に聴くことができません。そのため、音楽制作にはモニター用のスピーカー / ヘッドフォンが必須となります。

1章-4
DAWを中心とした音楽制作システム

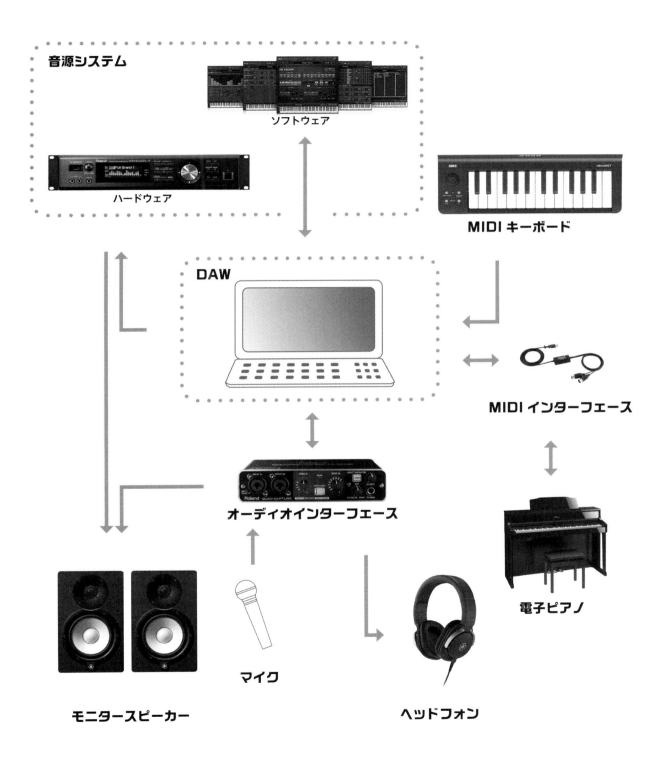

2章 MIDIの知識　1. MIDI について

MIDI 規格の誕生で楽器演奏を MIDI データとして記録・編集できるようになり、コンピューターによる音楽制作環境が大きく発展しました。音楽制作の基本となる MIDI の知識を身に付けましょう。

MIDI とは

MIDI とは「Musical Instrument Digital Interface」の頭文字をとったもので、直訳すると「楽器間の情報通信のためのデジタルの規格」という意味になります。MIDI 規格は 1982 年、日本の電子楽器メーカーが中心となり、国やメーカーを超えた世界共通の規格として誕生しました。

MIDI で実現したこと

MIDI では、楽器演奏の要素となる音の高さ、大きさ、長さ、そして音色や効果などを数値化(デジタル化)します。MIDI によってデジタル化された楽器演奏は MIDI 情報と呼ばれます。MIDI 情報は情報の伝達が容易であるため、楽器同士をはじめとして楽器とコンピューター、さらにはコンピューター内部のアプリケーション間での演奏情報の伝達にも幅広く活用されています。

※ MIDI 情報活用の例として、WEB ブラウザーで MIDI が扱えるようにする「Web MIDI API」などがあります。

MIDI 端子の種類と接続

MIDI 端子を持った機器同士は、MIDI ケーブルで直接接続することができます。MIDI 端子には役割によって MIDI IN(イン)、MIDI OUT(アウト)、MIDI THRU(スルー)の 3 種類があります。

- MIDI IN ：MIDI 情報を受信する端子。
- MIDI OUT ：MIDI 情報を送信する端子。
- MIDI THRU ：MIDI IN から受信した MIDI 情報をそのまま送信する端子。

MIDI 端子の接続は、コントロールする側(A)の MIDI OUT 端子と、コントロールされる側(B)の MIDI IN 端子を接続します。

さらに、コントロールされる側(B)の MIDI THRU 端子と、別の機器(C)の MIDI IN 端子を接続すると、コントロールする側(A)の MIDI 楽器から出た MIDI 情報を、2 台目の機器(B)を経由してそのまま 3 台目(C)の機器に送ることができます。

MIDI チャンネル

MIDI 情報には MIDI チャンネルと呼ばれる 1 ～ 16 のチャンネル情報が付いていて、1 本の MIDI ケーブルで最大 16 パートの演奏情報を一度に送信することができます。MIDI チャンネルは、送信側と受信側のチャンネルが一致した時にのみ MIDI 情報が受信できる仕組みになっています。

マルチ音源とシングル音源

複数の MIDI チャンネルの MIDI 情報を同時に受信して、チャンネルごとに異なったパートを再生できる音源をマルチ音源と呼びます。一般的なマルチ音源は、16 パート分の音源を備え 1 ～ 16 チャンネルの MIDI 情報を一括して受信し再生できます。さらに 1 ～ 16 チャンネルをひとつのポートと考えて、複数のポートに相当する音源を備えることで 17 パート以上の再生に対応したマルチ音源もあります。1 パート分の音源しか持たず、特定の MIDI チャンネルの MIDI 情報だけを受信する音源はシングル音源と呼ばれます。

2章-1
MIDI について

USB、Bluetooth と MIDI

MIDI 機器の中には USB 端子や Bluetooth 機能を備えているものがあります。これらの MIDI 機器は、USB ケーブルや Bluetooth 接続によってコンピューターと直接接続し MIDI 情報を送受信できます。接続方法は異なりますが、MIDI 端子を使う場合と同じように MIDI 情報を入出力することができます。

USB や Bluetooth による接続はひとつの接続で双方向に通信できるので、MIDI ケーブルによる接続に比べて便利になります。また USB による接続では MIDI ケーブルに比較してデータの伝送速度が速いため、一度に複数ポートの MIDI 情報をやりとりすることが可能です。

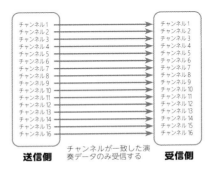

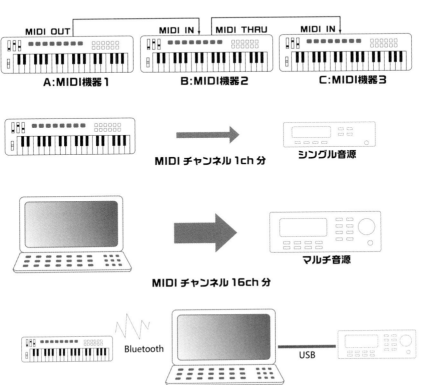

2章 MIDIの知識　2. MIDIメッセージの仕組み

演奏情報を伝達するMIDIメッセージの仕組みと、DAWにおけるMIDIメッセージの表示について学びます。

MIDI情報を構成するMIDIメッセージ

演奏をデジタル化したMIDI情報は、主に演奏の種類ごとに用意された「MIDIメッセージ」で構成されています。その中には、鍵盤を押す（ノートオン）、鍵盤を離す（ノートオフ）、音色を選ぶ（プログラムチェンジ）、ピッチベンダーを操作する（ピッチベンドチェンジ）、コントローラーを操作する（コントロールチェンジ）などが含まれます。

MIDIメッセージの仕組み

MIDIメッセージは、演奏の種類を示す「ステータス」とそれに続く1つまたは2つの「データ」で構成されています。たとえば「中央のドの鍵盤を中ぐらいの強さで弾く」という演奏情報の場合、ステータスは「鍵盤を押す（ノートオン）」、1つ目のデータが「中央のド（ノートナンバー＝60）」、2つ目のデータが「中くらいの強さで（ベロシティー＝64）」という構成になります。このように「何を」「どのくらい」「どうする」といった3つの内容が、一直線に並んで順番に送られるのがMIDIの特徴といえます。

●ノートナンバー

音の高さを示す数値です。低い鍵盤から順に0〜127の番号を付けて、鍵盤の位置で音の高さを示します。ピアノの中央のドは60番で、半音上下すると番号が1ずつ増減します。

●ベロシティー

音の強さ（大きさ）を示す数値です。鍵盤を押す強さを1〜127の数値で表します。数値が大きいほど大きな音になります。

MIDIメッセージを貨物列車に例えると

MIDIメッセージの仕組みは、3両編成の貨物列車に例えると理解しやすくなります。先頭の機関車（ステータス）が2両の貨車（データ）を引いている様子をイメージしてみましょう。個々の情報が直列に並んで順番に送られる点も、線路の上を走る貨物列車と重なります。さらにその貨物列車が、MIDIケーブル上を送信側の機器のMIDI OUT端子から受信側の機器のMIDI IN端子に向かって走ると考えることもできます。

DAWにおけるMIDIメッセージの表示

●音符を表すMIDIメッセージ

音符は「ノートオン」と「ノートオフ」の2つのMIDIメッセージで構成され、DAWではこの2つを合わせて「ノート」として表示します。「ノート」データは、イベントリスト表示では左から、ノートオンの位置、ノートナンバーを英語音名に置き換えたノートネーム、ベロシティー、デュレーションが表示されます。

●ピッチを変化させるMIDIメッセージ

ギターのチョーキングやサックスのしゃくり上げといったピッチ変化を表現するための効果は、「ピッチベンドチェンジ」と呼ばれるMIDIメッセージで表されます。一般的なDAWソフトでは、ピアノロールの下側のベロシティー表示をピッチベンドに切り替えることで、ピッチ変化をグラフィカルに表示できます。ピッチ変化を上下方向にとりピッチベンドの数値を点で示して、点をつないでグラフ化することでピッチ変化を視覚的に表示します。

●ビブラートを掛けるMIDIメッセージ

ビブラートは主に音程（ピッチ）を細かく揺らす演奏・効果のことで、MIDIでは「コントロールチェンジ」と呼ばれるMIDIメッセージのコントロール

2章-2
MIDIメッセージの仕組み

ナンバー1番（C.C.#1）として表されます。
　ピッチベンドと同様に、ピアノロールの下側のベロシティー表示をコントロールチェンジC.C.#1に切り替えることでグラフィカルに表示できます。

MIDI情報を構成するMIDIメッセージ

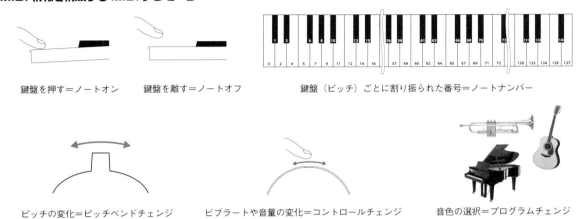

鍵盤を押す＝ノートオン　　鍵盤を離す＝ノートオフ　　鍵盤（ピッチ）ごとに割り振られた番号＝ノートナンバー

ピッチの変化＝ピッチベンドチェンジ　　ビブラートや音量の変化＝コントロールチェンジ　　音色の選択＝プログラムチェンジ

MIDIメッセージの仕組み

※ MIDIデータの仕組みは3両編成の貨物列車

MIDIメッセージの表示

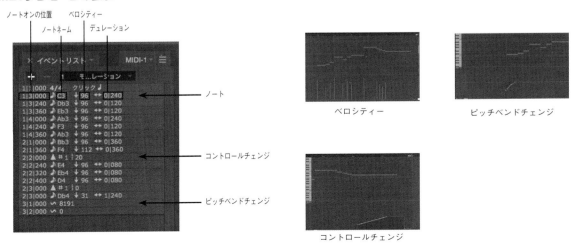

ベロシティー　　ピッチベンドチェンジ

コントロールチェンジ

2章 MIDIの知識　3. GMとスタンダードMIDIファイル

MIDIデータの活用の場が大きく広がるきっかけとなったGMとスタンダードMIDIファイル（SMF）について学びましょう。

GM1登場の背景

GM1が登場する以前は、音源に搭載される音色の並び順はメーカーや機種ごとにバラバラでした。そのためMIDIデータを意図した通りに再生するには、MIDIデータを作成する際に使用したものと同じ音源を準備する以外に方法がありませんでした。

GM音源

GM1は、音源に搭載される音色の種類とその並び順を統一した音源規格で、1991年にMIDIの拡張規格として追加されました。GM音源とはGM1に対応した音源のことで、GM1対応を示すマークが表示されています。GM1の登場によって、GM音源同士であればメーカーや機種が異なっても制作者の意図する音色でMIDIデータを再生できるようになりました。GM音源はカラオケ、ゲームミュージック、着メロなどさまざまな用途で活用され、MIDIデータの利用が大きく広がりました。

GMの拡張規格

GM音源が普及するとともにより高度な音楽表現性を求める傾向が強まり、GM1の上位互換フォーマットであるGS、XGが各社から発表されました。その後、GM1上位互換の共通音源規格としてGM2が制定されました。

GM2及びGS・XGは、GM1を核として音色数の追加、エフェクトの搭載、音色エディット機能の追加を行い、GM1を拡張した規格です。ただしそれぞれの拡張部分には互換性はなく、核となるGM1の部分でのみ互換性を保っています。

スタンダードMIDIファイル

スタンダードMIDIファイル（SMF）は、異なったMIDIアプリケーション間でも互換性を持たせた、MIDIデータファイルの保存形式です。スタンダードMIDIファイルに対応したアプリケーションやハードウェア間では、メーカーや機種を超えたMIDIファイルのやり取りが可能となります。今ではWindows Media Playerを含め、MIDIアプリケーションやハードウェアの大部分がスタンダードMIDIファイルに対応しています。

スタンダードMIDIファイルの種類

スタンダードMIDIファイルには、次の2種類のフォーマットがあります。

●フォーマット0

1つのトラックに1～16チャンネルのデータをまとめて保存する形式です。チャンネルごとに1トラックずつのデータが保存できる、と言い換えることもできます。たとえば、あるチャンネルのデータを2つ以上のトラックに分けて制作した場合、フォーマット0で保存すると1つのトラックにまとまってしまいます。

フォーマット0のメリットは互換性が高いことです。スタンダードMIDIファイルに対応するすべてのアプリケーションやハードウェアが、フォーマット0のデータを再生できます。

●フォーマット1

1～16チャンネルのデータを保存できるトラックが複数存在する形式です。チャンネルごとに複数トラックのデータが保存できる、と言い換えることもできます。たとえば、あるチャンネルのデータを2つ以上のトラックに分けて制作した場合、フォーマット1で保存すると制作した状態のまま保存できます。

2章-3 GMとスタンダードMIDIファイル

　フォーマット1で保存する場合は、データを渡す相手方のアプリケーションやハードウェアの対応の有無を確認する必要があります。

GMの拡張規格

スタンダードMIDIファイルのロゴ

フォーマット0とフォーマット1

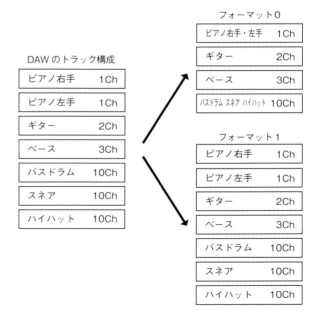

2章 MIDIの知識　4.GMの音色（1）

GMの128音色は、幅広い音楽ジャンルで使われる楽器がバランスよく網羅されています。GMの音色グループと各音色を通して、音楽制作に使われる楽器の種類や役割について学びましょう。

ピアノ（1~8）

ピアノやハープシコードなど、鍵盤で演奏する楽器をまとめた音色グループです。

1. アコースティックグランドピアノ
   オーソドックスなアコースティックピアノの音色です。ポップス、ジャズ、クラシック等幅広いジャンルで使えます。
2. ブライトアコースティックピアノ
   アンサンブルの中で埋もれにくい硬く明るい音色のピアノです。コードバッキング等に向いています。
3. エレクトリックグランドピアノ
   アコースティックピアノから共鳴板を取って代わりにピックアップを付け、電気的に増幅するエレクトリックピアノの音色です。
4. ホンキートンクピアノ
   調律がずれてコーラスがかかったような音色のピアノです。ラグタイム等のジャンルで使われます。
5. エレクトリックピアノ1
   ローズピアノに代表される機械式のエレクトリックピアノの音色です。ポップスやロック等で幅広く使われるポピュラーなエレピの音色です。
6. エレクトリックピアノ2
   FM音源で合成された透明感のあるエレクトリックピアノの音色です。
7. ハープシコード
   チェンバロとも呼ばれるバロック期の鍵盤楽器です。ピアノとは異なり、弦をはじいて音を出す構造です。
8. クラビ
   ホーナーが開発したクラビネット（clavinet）の音色です。歯切れのいい音色でファンクやソウル等のジャンルでよく使われます

クロマチックパーカッション（9~16）

マレット（バチ）で演奏する音程感のある打楽器の音色グループです。鍵盤打楽器ともいいます。

9. チェレスタ
   ハンマーで金属板を叩く仕組みの鍵盤楽器です。鉄琴のようなかわいい音色です。くるみ割り人形のこんぺい糖の踊り等で使われています。
10. グロッケン
    鉄琴の音色です。金属製の音板をマレットで叩いて金属的で鋭い音を出します。
11. ミュージックボックス（オルゴール）
    オルゴールの音色です。オルゴールとは機械式の自動演奏楽器のことで、透明感のある音色が特徴です。
12. ビブラフォン
    金属製の音板に共鳴管が付いた脚付きの大型の鉄琴です。共鳴管の中でファンを回転させ音にトレモロが掛けられます。ジャズ等でよく使われます。
13. マリンバ
    木製の音板に金属製の大きな共鳴管が付いた脚付きの大型の木琴です。深みのある丸い音が特徴です。
14. シロフォン
    木琴の音色です。木製の音坂をマレットで叩いて固くくっきりした音色を出します。
15. チューブラベル
    音階が演奏できる筒状の鐘の音色です。「NHKのど自慢」でもおなじみの音色です楽器です。
16. ダルシマー
    木製の箱に張られた金属製の弦を2本のばちで打って演奏する民族楽器です。ダルシマー、サントゥール、楊琴等と構造や奏法、音色が似ています。

オルガン（17~24）

オルガンやハーモニカ、アコーディオンなどの楽器をまとめた音色グループです。

17. ドローバーオルガン
    ドローバーと呼ばれるスライダーの操作で倍音（正弦波）を加算して音作りをするハモンドオルガン風のオルガン音色です。
18. パーカッシブオルガン
    ハモンドオルガンのパーカッション機能をオンにしたオルガン音色です。アタックに「コン」といったパーカッシブな音が加わります。
19. ロックオルガン
    ギターアンプ等で増幅し軽く歪ませた音圧感のあるオルガンサウンドです。
20. チャーチオルガン
    パイプオルガンの音色です。長さの異なる多くのパイプに空気が通り音が鳴る仕組みの大型のオルガンです。
21. リードオルガン
    昔の学校で使われた足踏みオルガンです。足でペダルを踏んで空気を送り、薄い金属のリードを振動させて音を出します。立ち上がりの遅い素朴な音色です。
22. アコーディオン
    蛇腹で空気を送りリードを振動させて音を出す携帯型の鍵盤楽器です。
23. ハーモニカ
    クロマチックハーモニカの音色です。息でリードを振動させて音を出します。
24. タンゴアコーディオン
    アコーディオンを小型にして鍵盤の代わりにボタンを付けた楽器です。バンドネオンと呼ばれタンゴ等でよく使われます。

2章 -4
GMの音色（1）

ギター（25~32）
ギターの音色グループです。

25. アコースティックギター（ナイロン）
    ナイロン弦が張られたアコースティックギターです。クラシックやフラメンコ、演歌等幅広いジャンルで使われます。
26. アコースティックギター（スチール）
    スチール弦が張られたアコースティックギターです。フォークやカントリーをはじめポップス全般で使われます。
27. エレクトリックギター（ジャズ）
    ピックアップが付いてフルアコースティック／セミアコースティックのアーチドトップギターで、ジャズにマッチする音色です。
28. エレクトリックギター（クリーン）
    歪み系のエフェクターをかけないエレキギターサウンドです。
29. エレクトリックギター（ミュート）
    エレキギターのミュート奏法のサウンドのこと。ブリッジミュートとブラッシングの2種類の奏法があります。
30. オーバードライブギター
    オーバードライブを通して軽く歪ませたエレキギターサウンドです。
31. ディストーションギター
    ディストーションを通して深く歪ませたヘビーなエレキギターサウンドです。
32. ギターハーモニクス
    エレクトリックギターのハーモニクス奏法の音色です。ハーモニクス奏法とは、弦全体の長さの1/2～1/10などの位置に軽く指を触れてピッキングすることで倍音音程を出す奏法のことです。

ベース（33~40）
アンサンブルの土台を担当するベースの音色グループです。

33. アコースティックベース
    ウッドベース／アップライトベースと呼ばれるコントラバスを指弾きした音色です。ジャズ等でよく使われます
34. エレクトリックベース（フィンガー）
    エレキベースをピックを使わずに指ではじいて演奏した音色です。ピック弾きに比べてアタックが丸いのが特徴です。
35. エレクトリックベース（ピック）
    エレキベースをピックで演奏した音色です。アタックがはっきりしているのが特徴です。
36. フレットレスベース
    フレットのないエレキベースです。エレキベースよりもアタックが柔らかく、滑らかな音程変化が可能で表現力が豊かなことが特徴です。
37. スラップベース1
    スラップ奏法のエレキベース音色です。スラップとは、親指で弦を叩くサムピングと人差し指や中指で弦を引っ張るプルを組み合わせる奏法で、主にファンク系の音楽で使われます。
38. スラップベース2
    スラップ奏法のエレキベース音色です。スラップベース1とは少しニュアンスの違う音色です。
39. シンセベース1
    シンセサイザーで合成したベース音色です。フィルターレゾナンスによる独特のアタック音が特徴的な音色です。
40. シンセベース2
    シンセサイザーで合成したベース音色です。シンセベース1とは少しニュアンスの違う音色です。

オーケストラ（41~48）
オーケストラなどで使われる擦弦楽器を中心とした音色グループです。

41. バイオリン
    弓で弦をこすって音を出す擦弦楽器を代表するバイオリンの音色です。華麗な音色と豊かな表現力を持ち幅広いジャンルで使われています。
42. ビオラ
    バイオリン属の擦弦楽器で中音域を担当します。バイオリンよりやや大きく音域は完全5度下で、バイオリンとチェロをつなぐ役割の楽器です。
43. チェロ
    擦弦楽器で中低音域を担当します。ビオラよりもさらに大きく床に立てて演奏します。音域はビオラの1オクターブ下です。
44. コントラバス
    主に低音域を担当する擦弦楽器で、チェロよりもさらに大きく床に立てて立って演奏します。
45. トレモロストリングス
    擦弦楽器の合奏（ストリングアンサンブル）で、弓で同じ音を細かく刻んで弾くトレモロ奏法を再現した音色です。
46. ピチカートストリングス
    ストリングアンサンブルのピチカートの音色です。ピチカートとは擦弦楽器の弦を指ではじいて演奏する奏法です。
47. オーケストラハープ
    オーケストラで使われるハープの音色です。ペダルを使ってさまざまなスケールを演奏できる仕組みをもっています。
48. ティンパニー
    オーケストラで使われるティンパニーの音色です。明確な音程を表現できる大型の太鼓で、一般的に2個以上を組み合わせて使われます。

アンサンブル（49~56）
ストリングスやコーラスなど多くの楽器を同時に鳴らした際の広がりのある豊かな音色をまとめた音色グループです。

49. ストリングアンサンブル1
    オーケストラの弦楽器パート（バイオリン、ビオラ、チェロ、コントラバス）のアンサンブル音色です。一般的にストリングスと呼ばれます。
50. ストリングアンサンブル2
    ストリングアンサンブル1よりもアタックの遅いストリングスの音色です。ゆったりしたフレーズや白玉のコード演奏に向いています。
51. シンセストリングス1
    シンセサイザーで合成した厚みのあるストリングス音色です。
52. シンセストリングス2
    シンセサイザーで合成したストリングス音色です。シンセストリングス1とはニュアンスの違う音色です。
53. ボイス（アー）
    「アー」と発音する人間の声による合唱の音色です。
54. ボイス（ウー）
    「ウー」と発音する人間の声による合唱の音色です。
55. シンセボイス
    シンセサイザーで合成した合唱風の音色です。
56. オーケストラヒット
    オーケストラのすべての楽器が一斉に「ジャン」と鳴ったときの音色です。

2章 MIDIの知識

5. GMの音色（2）

ブラス（金管楽器）（57~64）

唇を震わせて音を出すリップリードの管楽器をまとめた音色グループです。大きな音と豊かな倍音が特徴です。

57. トランペット
　金管楽器の高音域を受け持つ華やかな音色を持つ楽器です。一般的にピストンを右手で操作して管の長さを変えてピッチを変化させます。

58. トロンボーン
　金管楽器の中音域を受け持つアタック感と深みのある音色を持つ楽器です。右手でスライドするU字型の管の長さを変えて音階を出します。

59. チューバ
　低音域を受け持つ大型の金管楽器です。ピストン式とバルブ式のタイプがあります。

60. ミュートトランペット
　トランペットのベルの部分にミュート（弱音器）を取り付けた音色です。割れたような独特の音色でジャズなどで好んで使われます。

61. フレンチホルン
　渦巻き状の管とロータリー式のバルブを持ち柔らかく広がりのある音色の金管楽器です。木管楽器ともよく調和します。

62. ブラスセクション
　複数のトランペットとトロンボーンで構成されるブラスアンサンブルの音色です。アタックが強くて張りがあり、ファンク等でよく使われます。

63. シンセブラス1
　シンセサイザーで合成したブラスアンサンブル風の音色です。

64. シンセブラス2
　シンセサイザーで合成したブラスアンサンブル風の音色です。シンセブラス1とはニュアンスの違う音色です。

木管楽器リード（65~72）

木管楽器のうちリードを使って音を出す楽器の音色グループです。艶のある表現力豊かな音色が特徴です。

65. ソプラノサックス
　円錐形のストレート管でアルトサックスよりさらに高い音域を担当するサックス属の木管楽器。透明感のある表現力豊かな音色が特徴です。

66. アルトサックス
　高音域を担当するサックス属の木管楽器です。金管楽器ともよく溶け合い、ソロ楽器として幅広いジャンルの音楽で使われます。

67. テナーサックス
　中低音域を担当するサックス属の木管楽器です。ソロ楽器としてジャズ等で使われるほか、ブラスセクションに加えてホーンセクションとして使われます。

68. バリトンサックス
　低音域を担当するサックス属の木管楽器です。ブラスバンドやビッグバンドでベースパートを担当します。

69. オーボエ
　高音域を担当するダブルリードの木管楽器。哀愁のある繊細で甘い音色が特徴でオーケストラの中ではメロディー楽器としても多く活躍します。

70. イングリッシュホルン
　中音域を担当するダブルリードの木管楽器です。オーボエと同じ哀愁のある甘い音色です。

71. バスーン
　ファゴットとも呼ばれる低音域を担当するダブルリードの木管楽器です。テノールの歌声のような表現力豊かな音色が特徴です。

72. クラリネット
　音域が広く豊かな表情をもった音色が特徴のシングルリードの木管楽器です。音域ごとに複数の楽器から構成されていて単にクラリネットというとソプラノクラリネットを指します。

木管楽器パイプ（73~80）

木管楽器のうち息の束をエッジに当てて空気の渦を作り振動を生み出すエアーリードと呼ばれる仕組みで音を出す楽器の音色グループです。

73. ピッコロ
　フルートよりさらに高い音域を担当するエアーリードの木管楽器。オーケストラの中で最も高い音を出します。

74. フルート
　高音域を担当するエアーリードの木管楽器。明るく澄んだ音色で表現力が豊かなため、ソロ楽器としても幅広いジャンルで使われます。

75. リコーダー
　縦笛の音色です。ブロックフレーテとも呼ばれます。音域にあわせて大きさの違う楽器が存在します。

76. パンフルート
　パンパイプとも呼ばれ、長さの異なる竹などの筒を組み合わせて音階が出るようにした楽器です。かすれたような素朴な音色が特徴です。

77. ボトルブロウ
　空きビンを吹いて音を出した音色です。ビンに水を入れることで音階も作れます。パンフルートに似た素朴な音色でメロディー楽器としても使えます

78. 尺八
　日本の伝統楽器で、竹で作られたタテ型のエアリード楽器です。首ふり、ナヤシなど多彩な演奏方法があり豊かな表現力を持っています。

79. ホイッスル（口笛）
　口笛の音色です。透き通るような音色と深めのビブラートが特徴でメロディー楽器として使われます。

80. オカリナ
　陶器やプラスチックで作られた涙滴状の笛のことで、純音に近い素朴な音色が特徴です。音域にあわせて大きさの違う楽器が存在します。

シンセリード（81~88）

シンセサイザーで合成されたリード音色の音色グループです。リード音色とはメロディーやリフなどを単音で演奏するための、存在感があって芯の太い音色のことです。

81. リード1（矩形波）
　矩形波を元にして合成したリード音色です。矩形波は奇数倍音だけで構成された音で、初期の家庭用のゲーム機の音源にも搭載されていました。

82. リード2（鋸歯状波）
　ノコギリ波を元にして合成されたリード音色です。ノコギリ波はシンセブラスやシンセストリングスなどにも使われる音色です。

83. リード3（calliope 蒸気オルガン）
　蒸気オルガン（カリオペ）の音色です。蒸気ノイズが特徴です。

84. リード4（chiff）
　アタックに特徴のあるリード音色です。

85. リード5（charang）
　チャランゴ風のアタックのリード音色です。チャランゴとは南米アンデス地方のギターに似た撥弦楽器です。

86. リード6（ボイス）
　人の声風のリード音色です。シンセパッド音色としても使えます。

87. リード7（5度）
　リード音色を完全5度で重ねた音色です。

88. リード8（ベース＋リード）
　厚みのあるリード音色で、シンセベースとしても使える音色です。

2章-5
GMの音色（2）

シンセパッド（89~96）
立ち上がりが遅めで広がりのある音色を集めた音色グループです。

89. パッド1（ニュー・エイジ）
  アタックにベル風の音が入るパッド音色です。
90. パッド2（ウォーム）
  アタックが遅く温かみのあるパッド音色です
91. パッド3（ポリシンセ）
  シンセブラス風のパッド音色です。
92. パッド4（クワイア）
  人の声風のパッド音色です。
93. パッド5（bowed）
  グラスのふちを指でこすって音を出すグラスハープ風のパッド音色です。
94. パッド6（メタリック）
  金属的な響きをもったパッド音色です。
95. パッド7（halo）
  人の声風のパッド音色とシンセストリングスを重ねたようなパッド音色です。
96. パッド8（スウィープ）
  明るさがゆっくりと変化するのが特徴のパッド音色です。

シンセエフェクト（97~104）
シンセサイザーで合成した効果音を集めた音色グループです。

97. FX1（雨）
  雨をイメージした効果音です。
98. FX2（サウンドトラック）
  映画音楽をイメージした効果音です。
99. FX3（クリスタル）
  クリスタル（水晶）をイメージした効果音です。
100. FX4（アトモスフィア）
  空間をイメージした効果音です。
101. FX5（ブライネス）
  明るくキラキラしたイメージの効果音です。
102. FX6（ゴブリン）
  精霊や妖精をイメージする効果音です。
103. FX7（エコー）
  「やまびこ」や「こだま」をイメージした効果音です。
104. FX8（SF）
  SFをイメージした効果音です

エスニック（105~112）
民族楽器を集めた音色グループです。

105. シタール
  北インドのギターに似た撥弦楽器です。演奏用の弦6~7本の他に共鳴用の弦が11~13本張られていて独特の豊かな響きがします。
106. バンジョー
  カントリーやブルーグラスで使われるギターに似た撥弦楽器です。円形の胴に細身のフレットがついており4本のスチール弦を張っています。
107. 三味線
  中国の三弦が起源で沖縄の三線を改良して作られた日本の撥弦楽器です。長唄や民謡の伴奏のほか津軽三味線ではソロ楽器としても使われます。
108. 琴
  日本の伝統的な撥弦楽器です。1.8m程度の木製の胴に13~25本の弦を張り指に爪を付けて弦をはじいて演奏します。
109. カリンバ
  親指ピアノとも呼ばれるアフリカの民族楽器です。箱に取り付けられた長さの違う細い金属棒を親指ではじいて演奏します。
110. バグパイプ
  バッグに溜めた空気を押し出してパイプに付けたリードを振動させて音を出す楽器です。持続低音を出すパイプが数あり独特の音色を持ちます。
111. フィドル
  アメリカのカントリーやブルーグラス、アイルランドやノルウェーの民族音楽などで使われるバイオリンです。
112. シャナイ
  北インドで宮廷音楽などで使われるダブルリードの木管楽器です。ダブルリードの篳篥（ひちりき）やチャルメラの仲間でよく似た音色です。

パーカッシブ（113~120）
ピッチ変化を伴った打楽器の音色グループです。

113. ティンカ・ベル
  手で持つ小さなベルを集めて音階を演奏する楽器です。ハンドベルやミュージックベルと呼ばれることもあります。
114. アゴゴ
  サンバなどで使われるラテンパーカッションです。大きさの違う2つの三角形のベルがU字型につながった形で、スティックで叩いてリズムを刻みます。
115. スティール・ドラム
  独特の響きをもった音階のある打楽器です。ドラム缶の底の部分を切り取り叩いて作られます。カリブ海の島国トリニダードトバゴの民族楽器です
116. ウッド・ブロック
  木製で中空の筒状または箱型の打楽器で、スティックやマレットで叩いて音を出します。通常大きさの違う2つを組み合わせて使います。
117. 太鼓
  和太鼓の音色です。木製の胴に皮を張り、ばちで叩いて音を出します。豊かな響きと余韻に特徴があります。
118. メロディック・タム
  片方にだけヘッドが張ってあるシングルヘッドのタムの音色です。メロタム、コンサートタムとも呼ばれます。
119. シンセ・ドラム
  アナログシンセサイザーで合成されたタムの音色です。
120. リバース・シンバル
  クラッシュシンバルを逆再生した音色です。効果的なパーカッションとして使用できます。

サウンドエフェクト（効果音）（121~128）
鳥のさえずりや電話のベル、ヘリコプターなど効果音を集めた音色グループです。

121. ギター・フレット・ノイズ
  ギターの巻弦の上で指を滑らせたときに発生するノイズです。スティールギターで素早いコードチェンジをする際に発生します。
122. ブレス・ノイズ
  フルートに息を吹き込む時に発生するノイズです。フルートで大きな音を出すときに強い息を吹き込むと発生します。
123. 海辺
  砂浜に波が打ち寄せる音を再現した音色です。海辺を表現する効果音として使えます。
124. 鳥のさえずり
  鳥のさえずりを再現した音色です。森を表現する効果音として使えます。
125. 電話のベル
  電話がデジタル化するまで使われていた黒電話の呼び鈴の音を再現した音色です。
126. ヘリコプター
  飛行中のヘリコプターのプロペラ音を再現した音色です。
127. 拍手喝采
  大勢の人が一斉に拍手をしている音を再現した音色です
128. ガン・ショット
  映画などでよく耳にする拳銃を撃った時の銃声を再現した音色です。

2章 MIDIの知識　6. GMのドラム音色

リズムを担当するドラムセットやパーカッションなどの打楽器について知りましょう。

ドラムセット

ポピュラー音楽で使われるドラムセットは、数種類の打楽器で構成されて1人のプレイヤーが同時に演奏します。ドラムの楽譜表記（ドラム譜）も他の楽器と違って、音符の音高を読むのでなく演奏のリズムを楽器ごとに読み取ります。

GM1ではリズムボイスのMIDIチャンネルは10チャンネルで、鍵盤ごとに何の打楽器が割り当てられているか決まっています。ハイハットのオープンとクローズのように1つの打楽器で複数の演奏表現がある場合は、各音色が鍵盤ごとに割り当てられ、同時には発音しない仕組みになっています。

ドラムセットを構成する楽器

ドラムセットは太鼓系とシンバル系に分類され、記譜上では太鼓系は通常音符、シンバル系は×で表記します。また、スティックで叩いて鳴らす楽器は音符の棒が上向き、ペダルを踏んで鳴らす楽器は下向きに表記します。割り当てられた鍵盤は番号で表し、ノートナンバーと呼びます。

●バスドラム（Bass Drum）

大太鼓です。ペダルを踏んで演奏することから、キック（Kick）ともいいます。ドラム譜では、五線の下(A)に表記されます。GM音源のノートナンバーは、35（B）と36（C）です。

●スネアドラム（Snare）

小太鼓です。太鼓の裏面に金属製の響線（スナッピー）を張ることで「バシッ」という短い打撃音を出します。ドラム譜では、五線の中央（E）に表記されます。ノートナンバーは、38（D）と40（E）です。

●ハイハット（Hi-hat）

2枚の合わさった小型のシンバルです。ペダルを離すと開き、踏むと閉じます。開いた状態で叩いたオープン（Opened Hi-hat）、閉じた状態で叩いたクローズ（Closed Hi-hat）、開いた状態からペダルを踏んで鳴らしたペダル（Pedal Hi-hat）などの奏法があります。ドラム譜では、オープンとクローズは五線の上（B）に表記され、オープンは音符の上に○を付けて表します。ペダルは五線の下（F）に表記されます。ノートナンバーは、オープンが46(A#)、クローズが42（F#）、ペダルが44（G#）です。

●タム（Tom）

太鼓の口径によって小さい順に、ハイタム（High Tom）、ミッドタム（Mid Tom）、ロータム（Low Tom）、フロアタム（Floor Tom）に分類されます。ドラム譜では、スネアの上下（G、F、D、C）に表記されます。ノートナンバーは、50（D）、48（C）、47（B）、45（A）、43（G）、41（F）です。

●シンバル（Cymbal）

リズムにアクセントを付けるためのクラッシュ（Crash）、チャイニーズ（Chinese）、リズムを刻むのに多用されるライド（Ride）があります。ノートナンバーは、クラッシュ1が49（C#）、ライド1が51（D#）です。

パーカッション

ドラムセットに含まれない打楽器はパーカッションと呼ばれます。パーカッションの楽譜は、楽器数が少ない場合は1本線で、楽器数が多くなるとドラム譜と同様に五線で表記します。

GM1のリズムボイスには、多数のパーカッションも定義されています。ここでは、そのうち主要なものを紹介しましょう。

タンバリン（Tambourine）は、直径20cmほどの

2章-5
GMのドラム音色

丸い枠に数組の小さなシンバルを付け、片面に皮を張った小型の太鼓です。手に持って手や指で叩いたり、振ったりして音を出します。ノートナンバーは54（F#）です。

カウベル（Cowbell）は、鉄製の四角い大きめのベルで、手に持つかホルダーに固定して木製のばちで叩いて鳴らします。ノートナンバーは56（G#）です。

マラカス（maracas）は、柄のついた中空の球に小さな玉が沢山入っていて、両手に持って振って鳴らします。ノートナンバーは70（Bb）です。

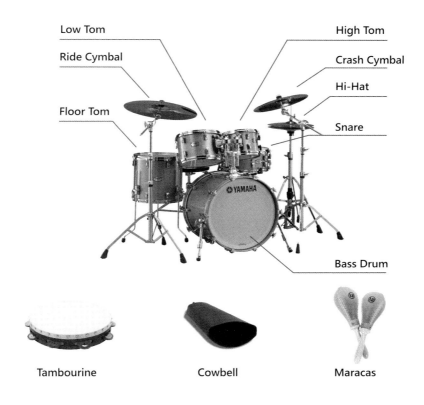

2章 MIDIの知識

7. アコースティック楽器、電気楽器、電子楽器

楽器を音響的な側面から分類してみましょう。

アコースティック楽器の仕組み

アコースティック楽器は、音を出す元になる振動体と、その音を増幅するための共鳴体で構成されています。

楽器を演奏すると振動体の振動が音を生み出し、それが共鳴体で増幅されて空気を振動させ音が聞き手の耳まで伝わります。

アコースティック楽器の分類

振動体を振動させる動作には、「吹く」「こする」「はじく」「たたく」の4種類があります。アコースティック楽器をこの4種類の動作から分類することができます。

「吹く」ことで発音する楽器は管楽器です。管楽器はさらに、振動体の種類によって金管楽器と木管楽器に分類できます。

金管楽器は、唇を震わせて音を出すリップリードの楽器です。これにはトランペットやトロンボーンなどが含まれます。

木管楽器は、葦の茎を削って作ったリードを振動させるリード楽器、リードを2枚重ねて振動させるダブルリード楽器、空気の渦で振動を生み出すエアリード楽器の3種類に分類されます。リード楽器はサックスやクラリネット、ダブルリード楽器はオーボエやファゴット、エアリード楽器はフルートやリコーダーなどが含まれます。

「こする」ことで発音する楽器は擦弦楽器です。バイオリンや胡弓など、弦を弓でこすることで発音する楽器が含まれます。

「はじく」ことで発音する楽器は撥弦楽器です。ギターやベース、三味線など、指やピック（ばち）で弦をはじく楽器が含まれます。

「たたく」ことで発音する楽器は、弦をたたいて発音する打弦楽器と、弦以外のものをたたいて発音する打楽器に分類できます。打弦楽器には、ハンマーで弦をたたいて発音するピアノが、打楽器にはドラムやパーカッションが含まれます。

電気楽器

電気楽器は、振動体によって発音する物理的な構造を持っている点はアコースティック楽器と同じですが、アンプとスピーカーを接続して電気的に音量を増幅することで共鳴体を簡素化した楽器です。

共鳴体を簡素化したことで、エレクトリックピアノのように楽器のサイズをコンパクトにすることができ、持ち運ぶことができるようになりました。

エレクトリックギターやエレクトリックベースでは、ピックアップと呼ばれる専用マイクを取り付け弦の振動を電気信号に変えてアンプに送っています。このピックアップマイクの開発が電気楽器の発展につながっています。

電子楽器

電子楽器は、共鳴体を持たない点は電気楽器と同じですが、さらに物理構造としての振動体を持たず、代わりに音源システムと呼ばれる電気回路で音を生み出す楽器です。電源が入らなければ演奏しても音は鳴りません。

電子楽器は電気回路によって、演奏の強弱から音色の変化まで含めアコースティック楽器をシミュレートできるようになりました。振動体や共鳴体の物理構造が必要ないため、大きさや形状も楽器にとらわれない自由なものになっています。

現在は、アコースティック楽器、電気楽器を含めた多くの楽器の音色が、電子楽器で表現されています。

2章-7
アコースティック楽器、電気楽器、電子楽器

アコースティック楽器

電気楽器

電子楽器

2章 MIDIの知識　　8. 電子楽器とシンセサイザー

MIDIデータの再生に必要となる音源（システム）は、電子楽器の振動体に当たる部分でもあり、シンセサイザーのエンジン部分でもあります。電子楽器とシンセサイザーについて詳しい知識を身に付けましょう。

電子楽器とシンセサイザー

電子楽器にはシンセサイザーをはじめ、電子オルガン、電子ピアノ、電子キーボードなどの楽器があります。この中で音を合成（synthesize）する機能を持つのはシンセサイザーだけです。ただ、電子楽器は振動体の代わりに音を合成（synthesize）する音源システムを内蔵していることから、すべての電子楽器は広い意味でのシンセサイザーだと考えることもできます。

音楽制作への活用を考えると、MIDI端子やUSB、BluetoothなどのMIDI送信機能を持つ電子楽器であればMIDIデータの再生は可能であり、音楽制作に活用することができます。

シンセサイザーの形態による分類

シンセサイザーは、ハードウェアとソフトウェアに分類できます。ハードウェアのシンセサイザーには、鍵盤付きのものと鍵盤のないモジュールタイプのものがあります。

一般的にハードウェアのシンセサイザーは楽器としての演奏表現力に富み、演奏の強弱に追随して音色がリアルタイムで変化します。ソフトウェアのシンセサイザーは音楽制作ツールとしての機能が高いものが多く、豊富なプログラムを搭載することでアコースティック楽器特有の音色変化を再現することもできます。

シンセサイザーの音源方式による分類

シンセサイザーは音を合成する方式の違いによって、PCM音源、アナログ音源などに分類できます。

PCM音源はサンプリング音源とも呼ばれ、アコースティック楽器の音をサンプリングしたデータを元にして音作りを行っています。サンプリングデータを用意することで、ほとんど全ての楽器音をシミュレートすることができます。現在使われているシンセサイザーの多くが、PCM音源を搭載しています。

アナログ音源は、発振器で生成された信号（ノコギリ波、パルス波、三角波など）をフィルターで倍音をカットして音作りを行います。シンセリードやシンセパッド、シンセストリングス、シンセブラスなど、いわゆるシンセサイザーらしい音色を出すことができます。

ボーカロイド

ボーカロイドとは、メロディーと歌詞を入力することで、人間のように歌詞も含めた歌声が合成できるソフトウェアシンセサイザーの一つです。

ボーカロイドの音源方式は、実在する人間の歌声を元に作成したデータベースである「歌声ライブラリー」を用いて歌声の合成を行います。そのため、元の歌声の性質が残り、リアルな歌声で演奏することができます。

シンセサイザーの音作り

　PCM音源を搭載した一般的なシンセサイザーでは、選んだ音色のニュアンスを曲に合わせて調整するためのパラメーターが用意されています。ここでは、代表的なパラメーターの機能を紹介しましょう。

●カットオフ（CUTOFF）
　音の明るさを調整します。

●レゾナンス（RESONANCE）
　特定の倍音を強調して音にクセをつけます。

●アタック（ATTACK）
　音の立ち上がりを調整します。

●リリース（RELEASE）
　音の余韻の長さを調整します。

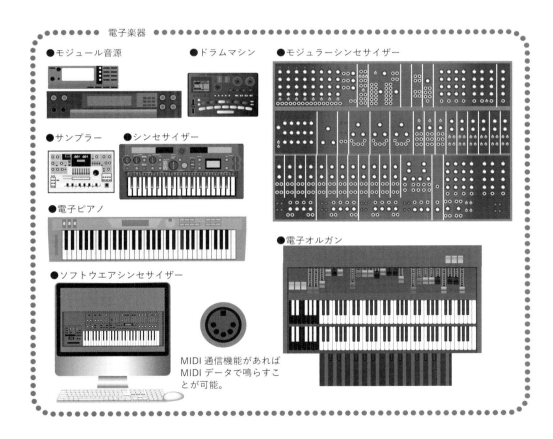

3章 ケーブルとコンピューターの知識

1. 接続端子とケーブル

MIDI

MIDI コネクター

MIDI 端子

MIDI ケーブル

USB

Type A コネクター

Type B コネクター

Mini B コネクター

Micro B コネクター

Thunderbolt3
Type C コネクター

Type A 端子

Type B 端子

Mini B 端子

Micro B 端子

Type C 端子

Thunderbolt

Mini DisplayPort コネクター

Mini DisplayPort 端子

Lightning

Lightning コネクター

Lightning 端子

3章-1 接続端子とケーブル

Phone

標準フォン

ステレオ標準フォン

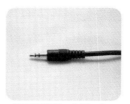
ミニステレオフォン

ステレオフォン変換プラグ

標準フォン端子

ステレオ標準フォン端子

主にエレクトリックギターなどの楽器用に使用されます。ケーブルが保護されているため、シールドと呼ばれます。

フォンケーブル（シールド）

RCA（ピン）

家庭用音響機器に使用されるセンターがピン状のプラグです。

RCA コネクター

RCA 端子

RCA ケーブル

XLR（キャノン）

主にマイク、ミキサーなど音響機器用に使用されます。ノイズに強いバランス転送で信号を伝送します。

左：XLR オスコネクター　右：XLR メスコネクター

XLR オス端子

XLR メス端子

コンボ端子

XLR（マイク）ケーブル

3章 ケーブルとコンピューターの知識　2. コンピューターの構成と仕組み

コンピューターは、さまざまなパーツで構成されています。ここでは主要な部分を用語とともに説明します。

CPU（Central Processing Unit）

CPUはコンピューターの頭脳にあたる部分です。CPUの性能によってコンピューターの処理能力が大きく変わります。CPUの性能を表す要素には「種類」「コア数」「動作クロック数」などがあります。

種類はCPUの商品名にあたるもので、種類によって性能が大きく異なります。コア数はCPUの核となるコアの数を表し、コアが多いと同時に複数の処理を行えます。動作クロック数は1秒間の処理回数をHz（ヘルツ）という単位で表し、数値が大きいほど高性能になります。

メインメモリー

メインメモリーは、CPUが動作する際に作業スペースとして使用するパーツです。補助記憶装置に比べてデータを受け渡す速度が格段に速く、高速で動作するCPUがプログラムを読んだりデータを保存したりするのに適しています。アプリケーションを実行するとプログラムが補助記憶装置からメインメモリーにコピーされ、CPUがプログラムを実行します。電源を切るとメインメモリー上のデータはすべて消えるため、作成したデータは補助記憶装置に保存する必要があります。メインメモリーの容量が十分に大きいと、複数のアプリケーションを同時に起動し並行して作業できます。メインメモリーの空き容量が少なくなると、CPUの動作が不安定になります。メインメモリーの容量はB（バイト）という単位で表します。

補助記憶装置（HDD、SSD）

補助記憶装置はOSやアプリケーションソフトをインストールしたり、作成したデータを保存したりするためのパーツです。主にデータの保管場所として本体に内蔵されることから「内蔵ストレージ」と呼ぶこともあります。補助記憶装置の容量はB（バイト）という単位で表します。

HDD（Hard Disk Drive）は高速で回転する磁気ディスクに磁気ヘッドでデータを記録する仕組みです。SSDに比べて大容量で価格が安く長期的なデータの保存に向いていますが、一方で衝撃に弱く読み書きが遅いことも特徴です。

SSD（Solid State Drive）は大容量のフラッシュメモリーにデータを記録する仕組みです。HDDに比べて読み書きが速く消費電力が小さい一方、静電気に弱く長期間書き換えしないとデータが消失してしまうといった特徴を持っています。

光学ドライブ（CD、DVD、BD）

CD-ROM、DVD-ROM、BD-ROMからのデータの読み込み、CD-R/RW、DVD±R/RW、BD-R/REへのデータの書き込みなどを行います。音楽CDやDVDソフト、BDソフトなどの再生も行います。メディアの容量は、CDが700MB、DVDが片面一層で4.7GB、BDが片面一層で25GBとなります。

OS（Operating System）

OSはコンピューターを動かすための基本ソフトウェアです。コンピューターの電源を入れると自動的にOSがメインメモリーに読み込まれ実行されます。OSはディスプレイの表示、マウスやキーボードの入力操作、インターネットへの接続、印刷などを可能にしています。音楽ソフトやブラウザーなどのアプリケーションは、OS上で動作するようにプログラムされています。OSの種類にはWindowsやMacOSなどがあります。コンピューター以外にもスマートフォンやタブレット用のOSとしてiOSやAndroidなどがあります。

3章-2
コンピューターの構成と仕組み

外部機器との接続

● USB

USB(Universal Serial Bus)はコンピューターと接続する多くの周辺機器で採用されている規格です。マウス、プリンター、外部ストレージをはじめ、オーディオインターフェースやMIDIインターフェース、電子楽器にもUSB接続は普及しています。USBにはUSB2.0、USB3.0などがあり、USB3.0はUSB2.0よりも転送速度が約10倍高速です。

● Thunderbolt

Thunderbolt(サンダーボルト)は、コンピューターをディスプレイやオーディオインターフェース、外部ストレージなどと接続するための規格です。USB3.0と比較して転送速度が2～8倍高速です。

● Bluetooth

Bluetooth(ブルートゥース)は、コンピューターをマウスやキーボード、ヘッドフォンをはじめ、MIDIキーボードやMIDIインターフェースなどと接続するための近距離無線通信規格です。コンピューターだけでなく、スマートフォンやタブレットをホストとして使用できる製品もあります。

● Wi-Fi

Wi-Fi(ワイファイ)は、家庭や職場のネットワークにコンピューターを接続するための無線LANの規格です。ネットワークを通してプリンターなどの機器を接続したり、インターネットと接続したりできます。スマートフォンやタブレットは、ほぼ全ての製品がWi-Fiに対応しています。

単位の前に付ける記号

容量を表す単位(B:バイト)やクロック数を表す単位(Hz:ヘルツ)の前に付けて元の単位の何倍かを表す記号には次のようなものがあります。

k (キロ) × 1000
M (メガ) × 1000k (× 1,000,000)
G (ギガ) × 1000M (× 1,000,000,000)
T (テラ) × 1000G (× 1,000,000,000,000)

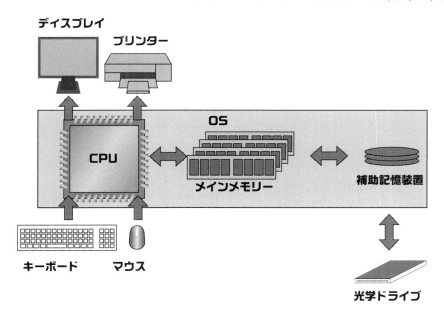

3章 ケーブルとコンピューターの知識
3. ファイルの扱いと外部ストレージ

コンピューターの使いこなしは、ファイルの扱いに関する理解がポイントです。ここではファイル名とファイル操作、そして外部ストレージについて説明します。

ファイルとフォルダー

ファイルとは、データをHDDなどのストレージに保存するときに、OSから見て最小単位となるデータのまとまりを指す言葉です。写真を保存した画像ファイル、文章を保存したテキストファイルなどさまざまな種類のファイルがあります。また内蔵ストレージにインストールされているOSやアプリケーションも多くのファイルで構成されています。

フォルダーとは複数のファイルが入る箱にあたるもので、関連するファイルをフォルダーにまとめることでファイルの管理が容易になります。

ファイル名

データを保存するときにファイルにつける名前をファイル名といいます。ファイル名は一部の記号が使えないことを除けば、ほぼ自由に付けることができます。一般的にはファイルの内容を表す簡潔な名前を付けるといいでしょう。

ただし、ファイルを他のコンピューターとやり取りしたりインターネットのサーバーにアップするような場合には注意が必要です。ファイル名のルールはOSによって異なり、例えばWindowsでは「/、¥、<、>、*、?、"、|、:、;」といった記号は使用できませんが、MacOSでは「/」を除いて入力が可能です。また、OSによっては漢字などの全角文字やスペースなどが使用できないケースもあります。そこで、8文字以内の半角英数字でファイル名を付けるのが最も合理的でお勧めです。

拡張子

ファイル名の後、「.」（ピリオド）で区切られた3文字または4文字の部分を拡張子といいます。拡張子によってファイルの種類を判別することができます。またWindowsでは、あらかじめ拡張子とアプリケーションとを関連付けておくことで、ファイルをダブルクリックするだけで特定のアプリケーションを起動できます。

※ WindowsやMacOSでは拡張子を表示しない設定があります。拡張子が表示されない場合は設定を確認しましょう。

主要なミュージックファイルの拡張子

.mid　　スタンダードMIDIファイル
.wav　　Windows標準のWAV形式のオーディオファイル
.aif　　MacOS標準のAIFF形式のオーディオファイル
.mp3　　圧縮オーディオのMP3形式のオーディオファイル
.wma　　圧縮オーディオのWMA形式のオーディオファイル
.aac/.m4a/.mp4/.m4p
　　　　圧縮オーディオのAAC形式のオーディオファイル

ファイルの操作

ファイルの基本操作をマスターすることがコンピューターを使いこなす第一歩です。講座の中で次に示すファイル操作の基礎をマスターしましょう。エクスプローラーやファインダーを使ってファイルを操作する手順もマスターしましょう。

　フォルダーの作成
　複数のファイルの選択
　ファイルの移動
　ファイルのコピー
　フォルダー名/ファイル名の変更
　ファイルの削除
　ゴミ箱を空にする
　ショートカット（エイリアス）の作成

外部ストレージ

　内蔵ストレージが一杯になったときには、外部ストレージを準備します。他のコンピューターにファイルを移動する際や、重要なデータを万が一の事故で消失しないためのバックアップなどにも外部ストレージを使います。
　外部ストレージには、バックアップなど長期保存に適した外付け HDD や CD-R/RW、DVD ± R/RW、BD-R/RE などの光学メディアと、ファイルの移動に適した USB（フラッシュ）メモリーや SD メモリーカードなどがあります。また、インターネットのサーバーをストレージとして使用するオンラインストレージは、データのやり取りも容易で長期のデータ保存にも適しています。

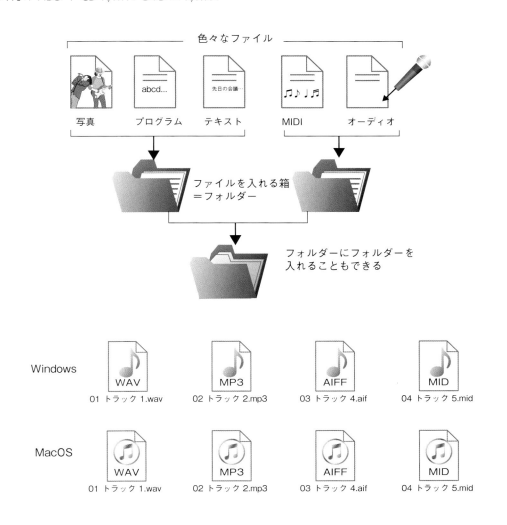

3章 ケーブルとコンピューターの知識

4. タブレット・スマートフォンを使用した音楽制作

ノート型コンピューターを使用した音楽制作は、今日では自然なこととなってきましたが、タブレット端末やスマートフォンなども急速に進化し、音楽制作に活用できるまでに至りました。ここではタブレット端末やスマートフォンを音楽制作に活用するための基本的な知識を理解しましょう。

音楽制作における活用のメリット

近年におけるタブレット端末やスマートフォンの進化でそれらを音楽制作に活用することが可能となったため、よりコンパクトな制作環境、かつ場所を選ばない作業が行えるようになりました。

これらのデバイスを利用するメリットは、携帯電話として使用しているスマートフォンを使って音楽制作ができること、デバイスの起動時間が速く、通信端末である特性からネットワーク接続によるデータ共有などがしやすいこと、操作が直感的でわかりやすいこと、アプリの購入やダウンロード、インストールなどが容易に行えるなどが挙げられます。

OSの種類とデバイスの操作

OSはiPhoneやiPad等に採用されているApple社の開発したiOS、多くのタブレット端末やスマートフォンなどの携帯情報端末に採用されているGoogle社の開発したAndroidがあります。

使用するアプリケーションは、iOSであればApp Storeから、Androidの場合であればGoogle Playから入手することができます。

また、どちらのOSでもディスプレイ部分に指で直接触れて操作を行えるというデバイス自体の構造が活かされているため、操作性はコンピューターよりも容易です。

これらのデバイスでは、コンピューター操作のマウスクリックと同様の操作となるタップ、指を一定方向に滑らせるように動かして画面表示を切り替えるスワイプ、画面に二本の指を乗せ、間を狭めるように動かして画面表示を縮小するピンチイン、その逆動作となる二本の指を広げるように動かして画面表示を拡大するピンチアウトなどの操作でほとんどの操作を行うことができます。

音楽アプリの種類とアプリ間の連携

iOSやAndroidの音楽アプリケーションには、楽曲制作を行うためのDAWを始め、デジタルシンセサイザーやドラムマシンなどのソフトウェアシンセサイザー、楽譜制作のためのノーテーションソフト、様々な効果を得られるエフェクター、考えたメロディーにコードを付けたり、アレンジ等を行ってくれる作曲支援ソフトなど、コンピューター同様に様々な種類のアプリがリリースされています。これらの音楽アプリケーションの中には、他の音楽アプリケーションと連携を取れる機能を備えているものもあり、例えばiOS環境では、アプリ間のオーディオ信号の入出力をやり取りするためのAudiobus、アプリ間でオーディオデータのやり取りを行うためのAudioCopy、DAW上でエフェクトやシンセ音源などのアプリをプラグイン的に扱うためのInter-App Audioなどの規格によってやり取りを行うことができます。

また、コンピューターとiOSの端末との間でオーディオデータやMIDIデータなどをやり取りしたい場合は、iTunesを使用してファイル共有を行うことで可能です。iTunesのファイル共有機能を活用することで、タブレット端末やスマートフォン上で作成したデータをコンピューターに取り込むことができ、逆にコンピューター側にあるデータをタブレット端末やスマートフォン側へ取り込むことができます。

周辺機器との連携

タブレット端末やスマートフォン上で音楽アプリ

3章 −4
タブレット・スマートフォンを使用した音楽制作

を起動し、デバイス本体だけでも音楽制作を行うことはできますが、オーディオインターフェースやMIDIキーボードなどを使用すると、より本格的な作業を行ったり、作業効率を向上させることができます。

また、機器との接続もケーブルを使用した従来の有線接続以外に、機器によってはBluetoothなどを活用した無線接続で機器同士の連携を行うことができ、MIDI over Bluetooth Low Energy、WIST（Wireless Sync-Start Technology）などの規格や方式があります。

タブレット端末だけでも、MIDIデータ作成や生楽器や歌の録音が可能。

タブレット端末やスマートフォンからPCにデータを転送して編集することも可能。

スマートフォンでもMIDIデータ作成や簡単な録音が可能。

オーディオ、MIDIインターフェースも直結可能。

4章 オーディオの知識　1. 音の基本知識

ここでは、音を構成する3つの要素、「音の高さ」「音色」「音量」について学ぶことで、音楽を伝える音についての理解を深めます。

音とは

　楽器を演奏すると振動が生まれ、それが空気を振動させることで音が生まれます。音は空気分子の疎密の変化（気圧の変化）として空気中を伝わります。これが疎密波で、この疎密波を音波と呼びます。音波が耳の鼓膜を振動させることで音が聴こえます。

音の高さ

　音の高さは、音波が1秒間に振動する回数（周波数）で決まります。周波数はHz（ヘルツ）という単位で表します。周波数が増えると音の高さは高く、減ると低くなります。人間の可聴域（音として認識できる範囲）は、約20Hz～20kHz（20,000Hz）です。周波数が440Hzの音は、ピアノの中央のドのすぐ上のラの音です。周波数が2倍になると音の高さは1オクターブ高く、1/2倍になると1オクターブ低くなります。

音色

　音色は音波の波形でおおむね決まります。波形とは縦軸に気圧変化、横軸に時間をとって音波を表示したもので、DAWの波形表示でも確認できます。一般的に波形が丸みのある形だと音色は丸く（柔らかく、暗く）、ギザギザの部分が多いと鋭く（硬く、明るく）なります。

　波形は音に含まれる倍音の種類と音量によって変化します。私たちが聴く「音」は周波数の異なる複数の純音で構成されていて、最も低い純音を基音、その整数倍の純音を倍音といいます。純音とは倍音を全く含まない最もシンプルな音で、自然界には存在しません。その波形は丸みを持ったサイン波です。音に含まれる倍音が増えるにつれてギザギザの多い波形に変化します。

　※音の高さは基音の周波数で決まります。

音量

　音量は音波の振幅で決まります。振幅とは、波形表示の縦軸方向の幅のことで、音の気圧変化の大きさを表します。振幅が大きいほど気圧変化が大きく、音量が大きいことを示します。

　音量はdB（デシベル）という単位で表します。dBは、音の大きさを示す音圧レベルの単位で、物理的な気圧変化の大きさを人間の感覚に合わせて調整したものです。値が「0dB」の場合を基準音量として、＋と－で増減を表します。例えばミキサーのフェーダーでは、入力レベルと出力レベルが同じになる位置を基準音量の0dBとして目盛りが表記されています。

目で見る音波形

●音の高さ
　波形Aと比較して波形Bは振動する回数が多く、音の高さ（周波数）が高いことがわかります。

●音色
　波形Aと比較して波形Bは波形のギザギザの部分が多く、鋭い（硬い、明るい）ことがわかります。

●音量
　波形Aと比較して波形Bは波形の縦軸方向の幅（振幅）が大きく、音量が大きいことがわかります。

4章 -1
音の基本知識

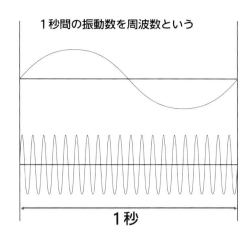

1回 = 1Hz

20回 = 20Hz
※周波数が高いほど音は高い

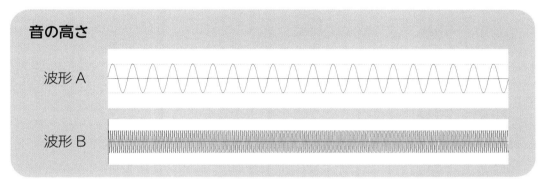

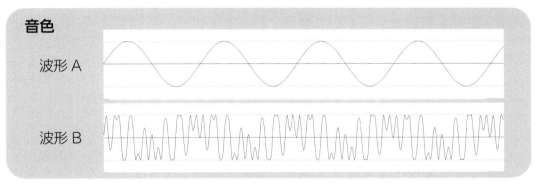

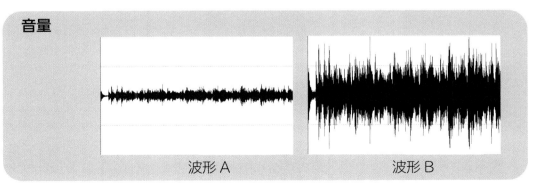

4章 オーディオの知識　2. 録音の仕組み

ここでは録音の仕組みについて学びます。音の入り口となるマイクロフォン（以降マイク）の種類や、マイク録音とライン録音についても説明します。

録音とは

録音とは音を記録することをいいます。マイクが発明される前は、空気の振動を直接針に伝えてレコード盤に溝を刻んで音を記録していました。この方式はアコースティック録音と呼ばれ、空気の振動を溝の凹凸に変えて録音するという構造は'70年代まで音楽メディアの主流だったアナログレコードと同じです。

マイクが登場すると、空気の振動をマイクによって電気信号に変換し、磁気テープに記録する方式が一般化しました。これはアナログ録音と呼ばれ、この方式のカセットテープレコーダーは現在でも使われています。

現在では電気信号に変換した音を数値化し、その情報をハードディスクやメモリーに記録するデジタル録音という方式が普及しています。一般的にデジタル録音では、音を数値化する方法としてPCM（Pulse Code Modulation）方式が用いられます。PCM方式ではサンプリングという処理で音を数値化しており、音楽CDをはじめコンピューターから聴く音楽のほとんどがPCM方式で録音されています。

マイク録音とライン録音

アコースティック楽器や歌声を録音するときには、マイクを使い空気の振動を電気信号に変えて録音します。これをマイク録音といいます。

楽器本体で電気信号を出力する電気楽器、電子楽器は、マイクを使用せずに直接ケーブルで録音機器に接続して録音することができます。これをライン録音といいます。

マイクの種類

録音には次の2種類のマイクがよく使われます。

●ダイナミック型マイク

動電型マイクともいいます。空気の振動で磁石の中のコイルや金属箔が振動して電流が流れることで音を電気信号に変えます。大音量の録音に向いていて頑丈なところから、ライブステージでのボーカルや楽器録音に使われます。入門用としても適しています。

●コンデンサー型マイク

静電型マイクともいいます。ファンタム電源と呼ばれる直流電源によって振動膜にあらかじめ電気を貯め（これがコンデンサーとして機能します）、音を受けて振動膜が動くとコンデンサーの容量が変化して電流が流れます。高い周波数に敏感で繊細な音の録音に向いている一方、衝撃や湿気に弱く扱いや保管方法にも注意が必要です。

DAWシステムでの録音作業

DAWシステムでは、オーディオインターフェースにマイクや電気楽器、電子楽器を接続して録音を行います。

マイクはXLR（キャノン）ケーブルでオーディオインターフェースのXLR端子またはコンボ端子に接続します。コンデンサー型マイクを使う場合には、ケーブルを接続した後でオーディオインターフェースのファンタム電源をオンにします。

電気楽器や電子楽器は（標準）フォン（Phone）ケーブルでオーディオインターフェースのフォン端子またはコンボ端子に接続します。エレキギターやエレキベースを接続する場合には、オーディオインターフェースのHi-Z（ハイインピーダンス）対応端子に接続します。

4章-2
録音の仕組み

デジタル録音

デジタル録音では録音した音を数値化しその情報を記録します。音を数値化するプロセスはAD変換（アナログ→デジタル）と呼ばれます。記録した音を再生する際には数値化した情報を元の状態に戻して再生しますが、このプロセスをDA変換（デジタル→アナログ）と呼びます。AD変換やDA変換を行う機器や回路はそれぞれADコンバーター、DAコンバーターと呼ばれ、オーディオインターフェースにもこの回路が搭載されています。

●アナログレコードの時代

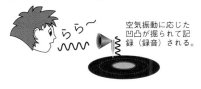

空気振動に応じた凹凸が掘られて記録（録音）される。

●アナログテープの時代

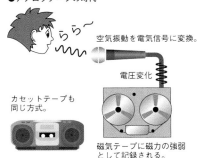

空気振動を電気信号に変換。
電圧変化
カセットテープも同じ方式。
磁気テープに磁力の強弱として記録される。

●デジタル録音の時代

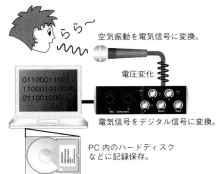

空気振動を電気信号に変換。
電圧変化
電気信号をデジタル信号に変換。
PC内のハードディスクなどに記録保存。

●マイク録音とライン録音

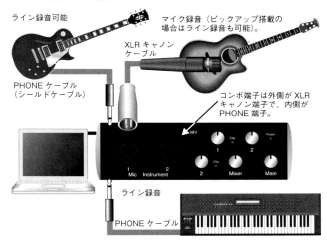

ライン録音可能
マイク録音（ピックアップ搭載の場合はライン録音も可能）。
XLRキャノンケーブル
PHONEケーブル（シールドケーブル）
コンボ端子は外側がXLRキャノン端子で、内側がPHONE端子。
ライン録音
PHONEケーブル

●ダイナミックマイクとコンデンサーマイク

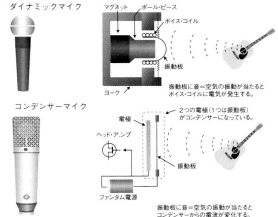

ダイナミックマイク
コンデンサーマイク

マグネット　ポール・ピース
ボイス・コイル
振動板
ヨーク
振動板に音＝空気の振動が当たるとボイス・コイルに電気が発生する。

2つの電極（1つは振動板）がコンデンサーになっている。
電極
ヘッド・アンプ
振動板
ファンタム電源
振動板に音＝空気の振動が当たるとコンデンサーからの電流が変化する。

4章 オーディオの知識　3. サンプリングの仕組み

ここではサンプリングの仕組みとデジタル録音の特徴などについて説明します。

サンプリング

PCM（Pulse Code Modulation）方式でデジタル録音をする際に、音を数値化する処理をサンプリングと呼びます。サンプリングは、音を一定間隔で読み取って（標本化）、その時々の音の大きさを数値に置き換え（量子化）、0と1とのデジタル信号に変換して（符号化）記録する処理です。

サンプリング周波数

音を一定間隔で読み取る処理を標本化（サンプリング）といいます。読み取る間隔はサンプリング周波数で設定します。サンプリング周波数は1秒間に読み取る回数のことで、Hzという単位で表します。高いサンプリング周波数でサンプリングするほど読み取る間隔は短くなり、元音に近い高品質な音が記録できます。音楽CDのサンプリング周波数は44100Hz（44.1kHz）で、音楽制作ではさらに高いサンプリング周波数も使われます。

量子化ビット数

一定間隔で読み取った音の大きさを数値に置き換える作業を量子化といいます。量子化の際に音の大きさ（ダイナミクス）をどの程度の細かさで記録するかを示す値を量子化ビット数といい、bitという単位で表します。量子化ビット数が高いほど繊細な音量変化まで再現できます。音楽CDの量子化ビット数は16bitで、音楽制作ではさらに高いビット数も使われます。

デジタル録音の特徴

デジタル録音では音の情報が数値化されるため複製や経年変化による音質劣化がなく、アナログ録音のような再生時のノイズ（録音テープのヒスノイズなど）も出ません。またDAWに読み込むと音の状態を波形で画面表示でき、加工や編集ができるといったメリットがあります。

一方デジタル録音は、サンプリング周波数や量子化ビット数で設定した数値を超える情報は記録しないため、設定次第では記録する音の品質がアナログ録音よりも低くなる可能性があります。現在では、音楽CDより高いサンプリング周波数や量子化ビット数を用いてさらなる高音質を実現した、「ハイレゾ」と呼ばれるフォーマットに対応した音楽プレーヤーや楽曲データが発売されています。

オーディオデータの大きさ

サンプリングで作成されたオーディオデータのデータサイズは下記の計算式で算出されます。

[サンプリング周波数] × [量子化ビット数]

例えば音楽CDのデータサイズは次のようになります。

44,100（Hz）× 16（bit）× 2（※）=1,411,200（bit/sec）

※音楽CDはステレオなので2を掛けています。
単位をバイト、時間を1分に変換すると1,411,200 × 60 ÷ 8=10,584,000（byte/min）となり、1分あたり約10MB（メガバイト）のデータサイズとなります。

リサンプル

録音した音のサンプリング周波数や量子化ビット数を変更することをリサンプルといいます。通常はサンプリング周波数や量子化ビット数の数値を下げる方向でリサンプルが実行されます。例えば、玩具の効果音などで音質よりもファイルサイズの小ささを重視するような場合にリサンプルを行います。

リサンプルによってサンプリング周波数を下げると、高い周波数の音が記録されなくなり音がこもり

ます。また量子化ビット数を下げると、ノイズが多くなりザラついた感じの音になります。

●ビット数と周波数が低い場合

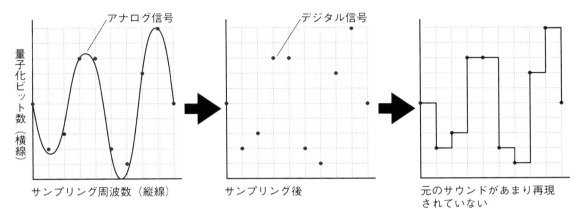

●ビット数と周波数が高い場合

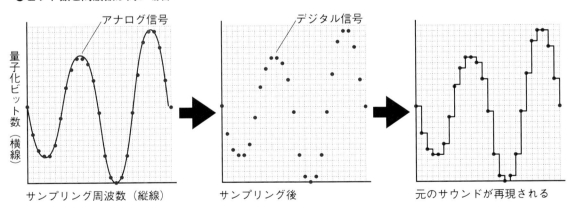

4章 オーディオの知識　4. オーディオファイル

ここでは、サンプリングしたオーディオデータを保存するオーディオファイル形式について学びます。また、データサイズを小さくする圧縮オーディオの仕組みや種類についても説明します。

非圧縮オーディオ

PCM方式でサンプリングをした後、圧縮していないオーディオデータを非圧縮オーディオ（リニアPCM）といいます。これをファイルとして保存したものが非圧縮オーディオファイルで、WAV形式とAIFF形式の2種類があります。

圧縮オーディオ

圧縮オーディオとは、非圧縮オーディオを聴感上の音質をできるだけ維持しながらデータサイズを小さくしたものです。圧縮には、可逆圧縮と非可逆圧縮があります。

可逆圧縮は、圧縮率は低いものの元の状態に100％戻すことができる方法でロスレスとも呼ばれます。非可逆圧縮は、理論上人間に聞こえにくい音をカットして圧縮率を高めているため元の状態に戻すことはできません。

圧縮オーディオには可逆圧縮のFLAC、非可逆圧縮のMP3、WMA、AACなどがあります。

圧縮オーディオの作成

圧縮オーディオを作成するには、目的の形式に対応したアルゴリズム「コーデック」を搭載したソフトウェア「エンコーダー」で圧縮を行います。再生するときには対応したコーデックを搭載したプレーヤーソフトを使います。

圧縮オーディオの圧縮率は圧縮後の「ビットレート」で設定することができます。ビットレートは1秒間のビット数のことでbps（bit/sec）という単位で表します。音楽CDと同じクオリティのWAVのビットレートが1,411kbpsなのに対して、圧縮オーディオでは32kbps～320kbpsの範囲で設定できます。この値が低いほど圧縮率は高くなりますが、その分音質は低くなります。

オーディオファイル形式の種類

● WAV

非圧縮のPCMデータ（リニアPCM）を保存するWindows標準のオーディオファイル形式です。音楽業界では一般的に「ワブ」と読まれています。拡張子は「.wav」です。

● AIFF

非圧縮のPCMデータ（リニアPCM）を保存するMacOS標準のオーディオファイル形式です。拡張子は「.aif」です。

● FLAC

可逆圧縮のFLAC形式のオーディオデータを保存するオーディオファイル形式です。圧縮率は高くありませんが元のデータに完全に復元して再生されます。拡張子は「.flac」です。

● MP3

非可逆圧縮のMP3形式のオーディオデータを保存するオーディオファイル形式です。正しい名称は「MPEG1 Audio Layer3」といい、動画の圧縮形式であるMPEG1からオーディオデータを抜き出した形式といえます。あらゆるプレーヤーで再生ができ、最も汎用性のある形式です。拡張子は「.mp3」です。

● AAC

非可逆圧縮のAAC形式のオーディオデータを保存するオーディオファイル形式です。動画圧縮形式のMPEG2、MPEG4からオーディオデータを抜き出した形式といえます。AACは、MP3よりも高い圧縮率と音質を目指して開発されました。iTunes

4章 -4　オーディオファイル

や iPhone など多くのソフトウェアーやハードウェアーが対応しています。拡張子は「.m4a」または「.mp4」、「.aac」、「.m4p」です。

● WMA

非可逆圧縮の WMA 形式のオーディオデータを保存するオーディオファイル形式です。Microsoft が開発した形式で Windows Media Player などが対応しています。拡張子は「.wma」です。

※ WMA には非可逆圧縮の「Windows Media Audio」以外に、可逆圧縮の「Windows Media Audio Lossless」もあります。

可逆圧縮

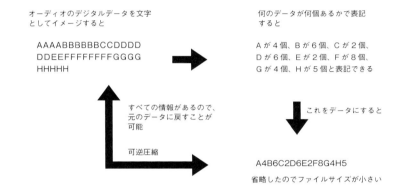

非可逆圧縮

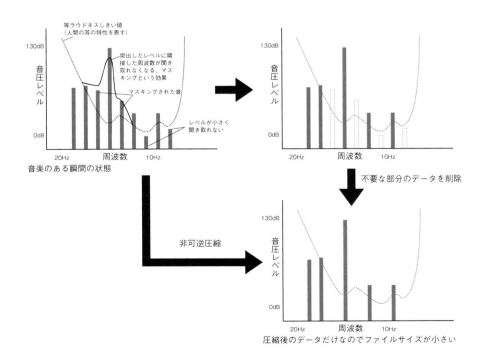

5章 楽譜の知識

1. 楽譜の読み方1（音の高さ、長さなどに関する基本知識）

音楽制作を行ったり、楽譜を読み解いたりするためにも不可欠な楽典について、特に知っておくと良い基本事項を学びましょう。

音名

　音名とは、演奏される音や記譜された音の呼び方のことを言います。日本ではハニホヘトイロ、イタリアでは Do、Re、Mi、Fa、Sol、La、Si、ドイツでは C、D、E、F、G、A、H、アメリカやイギリスでは C、D、E、F、G、A、B、などのように国ごとに呼称は異なっています。一般的はドレミの歌で良く知られているようにイタリア音名がよく使用されていますが、ポピュラー音楽でよく使用されるのはアメリカやイギリスで用いられている英音名です。

音部記号

　楽器の演奏音域に合った五線表記となるように、楽譜の先頭などに記譜する記号です。音部記号は、高音部を表すト音記号、低音部を表すヘ音記号がよく使用されますが、中音部を表すハ音記号などもあります。

調号

　ある曲の演奏で使用する音階が五線上で判別できるように曲の冒頭に表記される記号のことを言います。調号は曲全体で常に半音上、あるいは下に変化する音の位置に♯や♭をまとめて表記することで、その音が出てきた場合には音域に関わらず常に半音上、あるいは下の音で演奏を行うことを表します。

臨時（変化）記号

　特定の音のみを半音上、あるいは下の音で演奏指定するための記号で、半音上を指定する記号を♯（シャープ）、半音下を指定する記号を♭（フラット）と呼びます。臨時記号が示された場合は、以下のルールで演奏を行います。

臨時記号が記譜された音は、その小節内は記譜された音以降に同じ音が出てきた場合、同様に変化した音で演奏する。

臨時記号が記譜された音は、音域違いの同じ音には影響しないので、それらの音も変化させたい場合は臨時変化記号をつける。

臨時記号が記譜された音以降にその小節内で出てきた同じ音を元の音の高さに戻したい場合には、♮（ナチュラル）を記譜する。

異名同音

　臨時記号を使用した時には、C（ド）を半音上げると C♯、D（レ）を半音下げると表記上は D♭となりますが、実際に演奏される音はどちらも同じ音となります。このように表記が異なっても同じ音となるものを異名同音と呼びます。

拍子記号

　1小節内で演奏される拍の基準となる音符がいくつあるかを示す記号です。例えば4分の4拍子であれば、1小節内に4分音符が4つ、8分の6拍子であれば8分音符が6つ演奏される長さであることを表します。

音符 / 休符 / 連桁 / 連符

　音符は、楽譜中で演奏される音の長さと高さを表し、休符は演奏を休止する長さを表します。音符や休符は、符頭の横に付点と呼ばれる点を付記し、その音符の半分の長さを足した長さを表すこともできます。例えば4分音符に付点が付いた場合は、付点

5章 -1
楽譜の読み方1（音の高さ、長さなどに関する基本知識）

4分音符のように呼ばれます。なお、実際の譜面の中で記譜される場合、8分音符以下で同じ長さの音符が続く場合は、演奏のまとまりをわかりやすくするためにそれらの音符をつなげて記譜することがあり、これを「連桁」と呼びます。

また、音符は基本的に2で割れる偶数となっていますが、ある音符を均等に3個や5個などの数で割った符割で演奏する時があります。これらのことを「連符」といい、3個に割った場合は3連符、5個の場合は5連符となります。

音名

音部記号

調号

臨時変化記号

異名同音

拍子記号

連桁
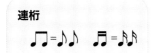

連符

音符 / 休符
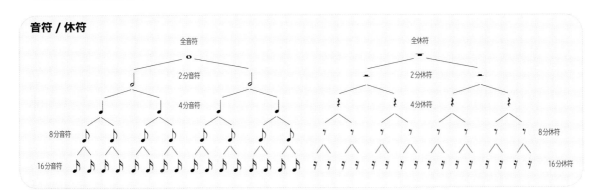

2. 楽譜の読み方2（演奏に関する基本知識）

楽譜に書かれている内容について、どのように演奏したらよいのかを理解するために不可欠な演奏記号などについて、このセクションで理解しましょう。

演奏表現を示す主な記号

タイ / スラー

タイは2つ以上の同じ高さの音符を1つの音符の長さとして演奏することを指定する記号で、例えば4分音符と8分音符がタイでつながっている場合は付点4分音符と同じ長さとなります。スラーは連続した音を1つのフレーズの流れとして途切れなく滑らかに演奏することを指定する記号です。

テヌート / スタッカート

テヌートは記号のついた音符を、その音符の長さいっぱいに保って演奏することを指定する記号で、音符の下に小さい横線をつけて記譜します。スタッカートは音を短く切って演奏することを指定する記号で、音符の下に小さい点をつけて記譜します。

アクセント

特定の音符を強い音で演奏することを指定する記号をアクセントと言い、演奏のメリハリを出したい場合などに指定します。

強弱記号

p（ピアノ）やf（フォルテ）などで指定される記号は強弱記号と言い、一番弱いppp（ピアニッシシモ）から一番強いfff（フォルテッシシモ）で演奏の強弱度合いを指定します。

クレッシェンド / デクレッシェンド

横に伸びた不等号のような松葉状の記号をクレッシェンド、デクレッシェンドと言います。クレッシェンドは徐々に音を大きく演奏すること、デクレッシェンドは徐々に音を小さく演奏することを指定します。

曲の進行を示す主な記号

リピート記号

リピート記号の開始から終端までに挟まれた小節、または曲の初めからリピート記号の終端までを繰り返し演奏することを指定します。通常、繰り返しは1回ですが、"x3times"のように指定されていることもあり、その場合には指定された回数を繰り返して演奏します。また、終端の小節に1番カッコ、2番カッコのような指定がある場合には、最初の繰り返しでは1番カッコまで演奏して頭に戻り、繰り返した後は2番カッコを演奏してその先に進むこともあります。

略記号

同じ音、音型、パターンで繰り返して演奏することを指定する記号です。ポピュラーなどの楽譜においては、1小節、2小節、4小節の繰り返しを指定する記号がよく使用されます。

ダル・セーニョ / ダ・カーポ

ダル・セーニョ（D.S.）は、記譜された場所からセーニョ記号が記譜されている位置へ戻って演奏することを表し、ダ・カーポ（D.C.）は、記譜された場所から曲の先頭に戻って演奏することを指定します。

コーダ

最終章を表すコーダ（Coda）は、トゥ・コーダ（to Coda）の記譜されている場所から、コーダ記号が記譜されている場所へ進行して演奏します。主にコーダは曲のエンディングを示していますが、一般的なポピュラーやロックのスコアでは、トゥ・コーダ2、コーダ2などのように複数のコーダを使用して曲の進行を指定している場合もあります。

※複数のダル・セーニョ / ダ・カーポやコーダを使用することで記譜は簡略化しやすくなりますが、

5章-2
楽譜の読み方2（演奏に関する基本知識）

その反面、実演時に演奏者の譜読みが煩雑になりやすいため、できる限りこれらの記号の複数使用は避けた方が良いでしょう。

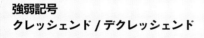

曲の進行を示す主な記号

5章 楽譜の知識　3. 音程と音階

実際の曲中では、様々な音が多様に絡み合って曲調を表現していますが、この仕組みを理解する上で重要な音程と音階について学びましょう。

音階

音階とは、高さの違ういくつかの音を一定のルールで並べた音列のことです。地域や国によってその音の並び方は異なっており、様々な音階があります。クラシックやポピュラー音楽で使用される音階は、西洋音階が一般的に用いられ、1種類の長音階（メジャースケール）と3種類の短音階（マイナースケール）があります。

調性

音階は音の並び方の呼称ですが、長音階を使用した曲は長調、短音階を使用した曲は短調と呼び、これらを総称して調（キー）といいます。例えばドを主音とする長調はハ長調、ソを主音とする短調はト短調となります。曲を聴いた時などに受ける「明るい感じ」や「寂しげな感じ」などの印象は使用されている調によるものです。このように曲の全体、あるいは一部における曲調の感じられ方を調性（トーナリティ）と言います。

音程

音程とは、2つの音のへだたり（距離）のことで、「度」という単位を用いて表現します。例えば同じ音の場合は完全1度、ドとレの場合は長2度、ドとファであれば完全4度などのように表し、ドから1オクターブ上のドの場合は完全8度と表します。

西洋音階の例

メジャースケール（ダイアトニックスケール）

ナチュラルマイナースケール

ハーモニックマイナースケール

メロディックマイナースケール

5章-3
音程と音階

調性

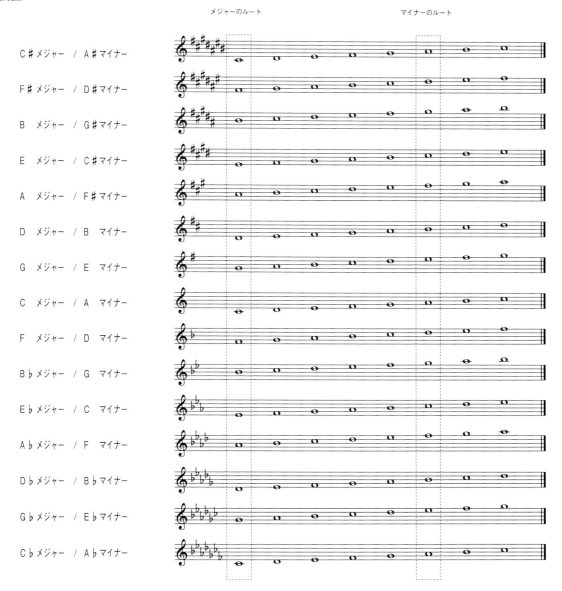

音程

5章 楽譜の知識　4. コードの知識

ポピュラー音楽において和声的なルールの元となるのがコードです。楽器のアンサンブル演奏を行う際や作曲したメロディーにハーモニーをつける場合などに大変役立ちますので、ここではコードの理解を深めましょう。

コードとは

　コードは、ある音を基準に、その上方の3度、5度、7度を堆積して作成されます。ルートと3度、5度で構成される和音は三和音、ルートと3度、5度、7度で構成される和音は四和音と呼ばれ、構成音のことはコードトーンと言います。

　コードの和音構成の基準となる音はルート（根音）と呼び、英音名で表されます。また、音名の右上や右下にコードの構成を識別するための記号をつけ、その組合せでどのようなコードなのか表したものをコードネームと呼びます。

コードの表記方法

　コードネームの表記には厳密な決まりはないので、いくつかの表記方法があります。

　主なコードはおおよそ以下のルールで構成音を表しますが、このルールに当てはまらないコードもあります。

ルートを英音名で表記する。

ルートを表す英音名の右下に3度の音程を識別する記号をつける（長3度の場合は記号を省略し、短3度の場合はアルファベット小文字のm、−）。

ルートを表す英音名の右上に5度の音程を識別する記号をつける（完全5度の場合は記号を省略、増5度の場合は+、（♯5）、（+5）など、減5度の場合は（♭5）、(-5)など）。

3度の音程の記号の右側に7度の音程を識別する記号をつける（長7度の場合はM7、△7など、短7度の場合は7）

コードの転回形

　前述のルールに則り、ルートの上に3度、5度、7度と堆積して作られたコードは基本形と言います。そのままの構成音で、一番下のルートをオクターブ上げ、3度、5度、7度、ルートのように和音の積み上げ方を変化させることを転回と呼び、転回によって作られた和音を転回形と呼びます。

　コードは演奏する音域によって響き方も変化するので、音域に適した和音の響き方を整えることができる他、転回形を使用することで和音の響きをコード進行に沿ってスムーズにつなげることができます。

コードの機能と役割

　曲中で感じられるハーモニー感はコード進行によって演出されるように、それぞれのコードは曲の進行における役割があります。例えばハ長調の曲の場合、曲中で使用されるコードはハ長調の各音をルートにして作られたものが使用されますが、これらはトニック、ドミナント、サブドミナントの3つの機能に分類され、それぞれ以下のような役割を持っています。

トニック　　　：調性を強く表す主となるコード

ドミナント　　：不安定な響きを持ち、トニックに向かう力が強いコード

サブドミナント：トニックとドミナントのどちらへも進行できるコード。

　曲の落ち着いた感じや不安定な感じなどの聴き手の感じる印象は、これらのコードがどのようにつな

5章-4 コードの知識

がっているのかによって作り出されていると言えます。

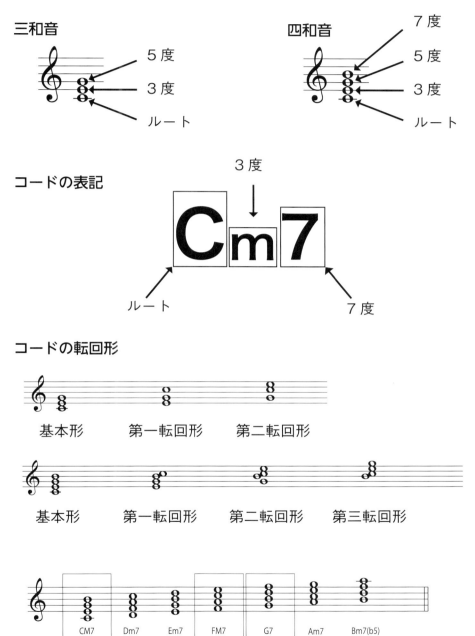

6章 著作権

1. 著作権と著作隣接権

音楽制作において様々な権利について知っておくことは、ミュージッククリエイターにはとても大切です。最初に著作権、著作隣接権とは何かについて理解を深めましょう。

著作権とは？

多くの人は「著作権＝印税」のような漠然としたイメージで捉えられているように見受けられますが、著作権自体は創作物（音楽においては創作した楽曲）を作り出した人のための権利を表したものであると言えます。

作った楽曲は、CD等のような録音物となったり、テレビやラジオなどで放送されたり、楽譜として出版されたり、など様々な形で使われます。

このように作品が使用される際に作曲者は、楽曲使用許可の可否を決定する権利＝「許諾権」を持っています。楽曲使用許可の対価が印税等の形で得ることができるなど、財産的な権利に結びつくことから、許諾権は「財産的著作権」とも呼ばれています。

創作した楽曲の著作権は、世界各国でその認定方式が異なります。日本の場合は、既製曲の模倣ではない独自創作の作品であれば、その楽曲が作られた時点で作曲者としての著作権が発生します。この方式を「無方式主義」と言います。

著作者人格権

出来上がった作品（楽曲）を世の中に発表するか否かは、楽曲を作った権利者（作曲者）が自由に決定することができます（※1）。

また、楽曲を作曲者以外の人間が使用するなど、楽曲の権利者以外の第三者によって著作物が使用された場合、楽曲の作曲者は作曲者名の表記を求めることができます（※2）。

同時に楽曲使用者に対し、作曲者の意図と異なる作品となることを回避できるよう、オリジナルの作品とかけ離れた改変を許可しない権利を持ちます（※3）。

これらの権利は、このように創作者の人格的価値に直接関わっている権利であることから「著作者人格権」として考えられています。

（※1）これを公表権といいます。（※2）これを氏名表示権といいます。
（※3）これを同一性保持権といいます。

著作物を伝達する者に関わる権利

著作権は楽曲を作った人に発生する権利ですが、作られた楽曲自体は演奏家などによって演奏されたり、その演奏がCD化されたり放送されたりするなど、様々な人が関わってくる場合もあります。この様に著作物を伝達するために関わった人に発生する権利もあり、著作権に近しい権利であることから「著作隣接権」と呼ばれています。

ミュージッククリエイターの場合、自らが楽曲の作曲者となれば著作権を持つことができ、他の楽曲を演奏したり、レコーディングを行ったりした場合であれば著作隣接権が発生します（※4）。

この他にも、楽曲の制作においてDAWなどで打ち込みを行って作成するようなMIDIデータ制作や楽曲の自動演奏、楽曲内で使用するシンセサイザーの音色作りを行った場合などにおいても著作隣接権は発生します。

（※4）他人の楽曲に、アレンジを加えて演奏する場合には、その楽曲の権利者から許諾（翻案権）が必要な場合があります。

6章-1　　**著作権と著作隣接権**

●無方式主義

独自創作の作品は、作った瞬間に著作権が発生する。

●許諾権

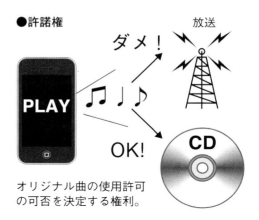

オリジナル曲の使用許可の可否を決定する権利。

●人格権

●著作隣接権

レコーディングを行った場合、演奏者や、MIDIデータ制作者にも著作隣接権が発生する。

6章 著作権
2. 著作物の利用とパブリックドメイン

音楽制作を行う際に、「著作権フリー」と謳われている効果音やBGM素材集の収録作品を使用したり、わらべうたや各国の民謡を使用したりすることもあります。ここでは、そのような場合においての著作権に関する留意点について理解しましょう。

Public Domain（パブリックドメイン）とは？

わらべうた、世界各国の民謡、バッハやベートーベンの音楽作品などは、著作権の保護期間が満了した作品となっています。これらの作品は一般的にPublic Domain（パブリックドメイン：公有＝国民の共有財産である状態）と呼ばれ、"PD"とはその略称です。PDとなった文学、漫画、絵画、彫刻、写真などには著作権がなく、誰でも自由に利用できます。音楽や動画などの場合、PDは「著作権保護期間満了後の作品」という意味で使用されています。（※）また、民謡などで創作者不明作品や、取り決めによって著作権が付与されない作品などもPDと呼ばれています。

なお、使用したい作品がPDかどうか確認したい時には著作権管理団体のウェブサイトなどで調べられる場合があります。

（※）日本における著作権の保護期間は、原則として著作者が著作物を創作した時点から著作者の死後50年となりますが、映画の著作物は公表後70年とされています。

PD作品における著作権の実際例

学校の始業・終業などを知らせるチャイムとしてよく使用されている「シーソーラーレー・・・」というメロディーは聞き覚えのある人も多いことでしょう。

このメロディーにはれっきとした曲名があり、「ウェストミンスター寺院の鐘」と言い、PD（パブリック・ドメイン）の作品です。メロディー自体には確かに著作権はないのですが、CDなどに収録されている「ウェストミンスター寺院の鐘」の音（データ）には著作隣接権があり、それらのデータを使用して別の音楽データを製作する場合には、元のデータの権利者（レコード製作者）からデータの使用許諾を受ける必要があります。ちなみに、「ウェストミンスター寺院の鐘」のメロディーを録音することに、JASRACや音楽出版社などから著作物の使用許諾は不要です。また、自分が録音したデータを第三者に利用させて、その許諾料を得ることもできます。

なお、PD楽曲で、著作権は消滅しても著作者人格権は残る場合があります。日本の著作権法には著作者人格権の放棄に関する規定がなく、著作者の死亡後も、もし著作者が生きていたなら著作者人格権の侵害となるような行為を禁止する条文があります。この部分は国によって扱いが異なります。

「著作権フリー」の注意点

「著作権フリー素材」のようなタイトルで市販されている効果音やBGM素材集などの多くは、収録されている作品を利用する上で、商用利用や作品の改変、再配布の禁止など利用制限が遵守されることを前提とし、一定範囲の作品利用許諾を行っているものがほとんどです。一般的に日本では「著作権フリー」という用語が、いくつかの異なる解釈や意味合いを持つことがあり、具体的には以下のようなケースを表しています。

Case1：作品に関わる著作権保護期間が満了している作品（例：著作権有効期限切れ作品、PD（パブリックドメイン）作品など）

Case2：作品に関わる著作権が付与されていない作品（例：日本の公文書の一部など、法律によって著作権保護対象とならないもの）

Case3：著作権は保持しているが、ある一定範囲内

6章 -2
著作物の利用とパブリックドメイン

での利用のしかたに限って、許諾手続きや使用料が不要の作品（例：クリエイティブコモンズのロゴマーク表示がある作品など）

これらはいずれも「著作権フリー」という用語で表現されるため、作品を利用する際には許諾範囲がどこまでなのかを注意する必要があります。実際に多くの著作権フリー作品においては、Case3 の「ある一定範囲内での利用のしかたに限って、許諾手続きや使用料が不要の作品」を意味することが多く見受けられます。「著作権フリー」と謳われている場合には、利用する前に自分で利用できる範囲を十分に確認しておくと良いでしょう。

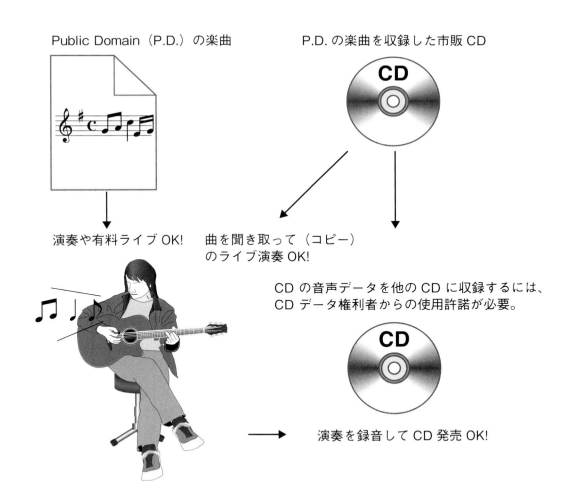

付録 DAWの操作体験　DAWの基礎知識〜楽曲制作の基本手順

DAWで楽曲を作る際に、最初に知っておくと良い基礎知識と楽曲制作の基本手順について解説します。

DAWのデータについて

　DAWでは曲のことをソングあるいはプロジェクトと呼び、新規の曲を作成する場合には最初にソングファイル（プロジェクトファイル）を作成します。
　続いて、曲のテンポやオーディオの音質クオリティ（サンプリング周波数、量子化ビット数）などを設定します。

トラックの作成と設定

　新規のソングファイル作成後は編集を行うのに必要なトラックを作成します。トラックを作成する場合、MIDIデータとオーディオデータでは情報が異なるので、同じトラックで編集を行うことができません。MIDIデータの演奏を打ち込むにはMIDIトラックを作成し、オーディオデータでギター、ボーカルなどの演奏を録音するためにはオーディオトラックを作成します。
　MIDIトラックを作成した場合には、打ち込んだデータで音源が鳴るように設定する必要があります。MIDIトラックのMIDI出力設定を使用する音源になるようにし、さらに音源側受信MIDIチャンネルとMIDIトラックのMIDIチャンネルを合わせておきます。
　なお、DAWによってはインストゥルメントトラック（あるいはシンセトラック）などのような名称で、MIDIトラックとソフトシンセが接続された状態で打ち込みが行えるトラックを装備しているものもあります。DAWに装備されているソフトシンセを使用して打ち込みを行う場合には、ポートの設定やMIDIチャンネルなどの設定を行う必要がないため、手早く打ち込みを進めたい場合に便利です。
　オーディオトラックを作成する場合は、楽器側からの出力がシールド1本で送り出されていたり、1本のマイクで収録した音を録音する場合にはモノラルトラックを、ステレオアウトのエフェクターなどからの出力の場合にはステレオトラックを作成します。また、オーディオトラックの入力設定を確認し、録音する楽器やマイクなどが接続されているオーディオインターフェースの入力ポートを選択しておきます。

データの保存とファイル名

　突発的なコンピューターのフリーズや不具合などによるデータ破損などに備えて、作業中には適宜データの保存をおこなうと良いでしょう。
　また、アイデアがいくつか思いついた場合や、違うバージョンのアレンジを別ファイルで残したい場合などには別名で保存しておくと便利です。その際にファイル名には"曲名_01"などのように枝番号をつけて管理すると後から内容が識別しやすくなります。

パート打ち込みの手順

　一般的にMIDIデータを打ち込んで楽曲を作っていく場合、ドラム→ベース→コード楽器→カウンターライン→メロディーという順番で作っていきます。その理由は、バンド演奏でもそうですが、ドラムは曲の土台となる重要なパートであり、曲の良さはドラム次第で変わってくることと、一般的に曲頭から終わりまで通奏するパートでもあるためです。ドラムパートがない場合には、次に重要なベースパート、あるいは曲の長さや進行をわかりやすくなるように、曲全体を通して演奏しているパートから作っていくと曲の全体像も把握しやすくなります。

MIDIデータの録音方法

　MIDIデータを入力するには、主に次の3つの方法があります。

付録
DAWの基礎知識〜楽曲制作の基本手順

ピアノロール表示などにマウスでノートデータなどを入力する"マウス入力"

入力する音符の種類を選択し、コンピューターと接続したMIDIキーボードで音程を指定しながら入力する"ステップ入力"

ガイドリズム（クリック）を鳴らしながら、コンピューターと接続したMIDIキーボードを演奏し、それをそのまま入力する"リアルタイムレコーディング"

これらの方法はいずれも一長一短あるため、ケースバイケースで使い分けながら進めるのが効果的です。

オーディオデータの録音

MIDIデータの打ち込みではボーカリストの歌唱やギタリストの演奏などを録音することができませんので、これらの録音する場合にはオーディオトラックを作成して録音を行います。録音を行う際にはマイクや楽器からの音量レベルやDAW側の入力レベルなどに注意しながら、適正レベルで録音できるように調整を行うと良いでしょう。

楽曲として仕上げる

各パートを打ち込みと生演奏を録音を行い、それらを同時に演奏させることで曲は演奏できますが、ドラムだけ目立ってしまったり、MIDIで打ち込んだオケに対して録音したエレキギターが大きすぎたりして音量的なバランスが取れていないことや、それらの音質的な統一感がないなど、曲として聴く場合には十分な状態とは言えません。

必要なパートの打ち込みや録音が終わったら、各パートの音量バランスや演奏位置などを調整することで、聴きやすい演奏に仕上げていくことができます。これをミキシングと言います。

このミキシング作業においては、様々なエフェクトを使用して曲のイメージをより膨らませていくことも可能です。

楽曲制作の流れ

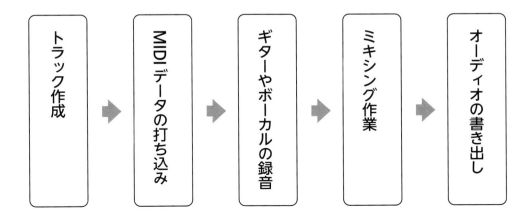

トラック作成 ▶ MIDIデータの打ち込み ▶ ギターやボーカルの録音 ▶ ミキシング作業 ▶ オーディオの書き出し

付録 DAWの操作体験　各パートトラック作成のためのMIDI打ち込みのポイント

ここでは4パート編成のサンプル曲のスコアを実際に打ち込んで、各パートの作成ポイントを理解しましょう。

ドラムパートの作成

　ドラムパートを作成する上では、各打楽器のベロシティーに十分留意して打ち込みましょう。特にハイハットの強弱は、曲全体のノリを決める上で非常に重要です。

　また、打ち込んでいく際には、1小節をしっかり作成し、それを元にコピー＆ペーストで小節数を増やしていくと曲全体のリズムの統一感が出しやすいことと、似たフレーズの部分はコピーした小節で異なる符割の部分を変更して作成すると効率よくトラック作成が行えます。

ベースパートの作成

　ベースは同じリズムセクションのパートながら、音程感のある音を演奏する点がドラムと異なります。

　また、強弱以外に音価（ゲートタイムやデュレーションなどと呼ばれる音符の長さのこと）の調整も重要となります。同じ符割のフレーズを演奏する場合でも、各音符の音価が変わることによってノリが大きく変わってくる点に十分留意しましょう。

　打ち込みにおいて、同じ音が続く場合にはステップ入力で打ち込むと効率良くフレーズ作成ができます。

エレピパートの作成

　エレピなどコード演奏を行うパートの場合、同じタイミングに打ち込む音数が多くなりますので、打ち込む音符の音程や音価と共に、演奏音域や臨時記号による音程変化に留意しましょう。

　臨時記号による音程変化を打ち込む際に、DAWによっては、D♭で打ち込みたいノートがC♯で表示されるように、♯、♭のいずれかの表示に固定されている場合がありますが、実際に演奏される音は同じになります。

　打ち込んだ後、演奏に問題がなければそのまま進めていきましょう。

サックス（メロディー）パートの作成

　最後にメロディーパートを作成しますが、ここではアルトサックスの音色でフレーズを演奏させます。

　メロディーパートも強弱、音価、演奏タイミングなどに留意して打ち込んでいくのは同じですが、選択した楽器の音色に適したアーティキュレーションを付加することで、よりリアルな演奏ニュアンスを表現することができます。

　アルトサックスの場合であれば、ピッチベンドを使用して吹き始めの音程をしゃくり上げる感じを出したり、長い音価の音符にはビブラートを加えたりすると、より良い演奏に仕上げられます。

リアルタイムレコーディングを活用する

　鍵盤楽器が弾ける場合は、リアルタイムレコーディングで入力すると、各パートともリアルな演奏感を持ったパートに仕上げることができます。

　なお、リアルタイムレコーディングの場合、弾いたままの状態が記録されるため、入力後にピアノロールエディタで確認すると演奏した音がジャストのタイミングではなく、前後に揺れている部分に気がつくでしょう。

　演奏次第では、そのままでも良い場合がありますが、リズム的に気になる場合は、クオンタイズ機能を使用して修正します。

　演奏したタイミングによっては、意図した符割に補正されない場合もありますが、タイトなノリに仕上げたい場合などには有効な編集方法となります。

Early Spring Breeze
Written and Arranged by Akira Naito

付録 DAWの操作体験　作品を聴いてもらうための作業

DAWを持っていない人でも聴けるようにする作業や、他のDAWと互換性のあるファイルに書き出す作業について学びましょう。

作品をより良く聴かせるために

全てのパートを打ち込んで、演奏に気になる部分がなければ、各パート間の音量バランスや演奏位置などを調整しましょう。

このような作業をミキシングと言いますが、作品の仕上がりはこの作業によって大きく変わってきます。ミキシングを行う場合には、次の2点に留意すると良いでしょう。

音量バランスの目安

手順は多様な方法がありますが、ドラムとベースのバランスを調整した後、メロディーを加えてみて、メロディーがしっかり聴こえるような音量バランスを最初に決めていきます。

続いてコード楽器を適宜調整し、ストリングスやベル系音色のカウンターラインなどがある場合は、それらをメロディーより抑えめにすると良いでしょう。

演奏位置（音の定位）設定の目安

演奏位置の設定はパンを調整して行います。
一般的なポップスやロックなどの場合はバスドラム、スネアドラム、メロディーはセンターに定位させ、それら以外の楽器は適宜左右に振り分けます。

リズムを刻むコード楽器が複数ある場合や、複数のパーカッションがある場合などは、それぞれを異なる定位で配置すると各パートの分離が良くなると共に、それぞれの演奏も聴き取りやすくなります。

MIDIトラックのデータをSMFで書き出す

ほとんどのDAWでは、MIDIトラックの情報のみを他のDAWなどとやり取りを行う場合のスタンダードMIDIファイル（SMF）への書き出しも可能です。ファイルメニューからSMFの書き出し、あるいはエクスポートなどのメニューを選択して作成します。その際、フォーマットの0あるいは1のいずれかを指定する場合がありますので、用途に応じてそれらを適宜指定しましょう。

また、正しく書き出せたかどうか、再度DAWに読み込んで確認すると良いでしょう。

作品のオーディオ化

作成した楽曲からオーディオCDを作成したり、インターネットなどで配信を行う場合には、DAWのソングファイルの状態では作成ができないため、2ミックスと呼ばれるステレオフォーマットのオーディオファイルとして書き出します。

SMFの場合と同様にファイルメニューからオーディオの書き出し、あるいはエクスポート等のメニューを選択して作成します。

オーディオCDを作成したい場合には、16ビット、44.1kHz、ステレオフォーマットに設定し、ハイレゾ音源などで配信を行う場合には、適宜24ビット、96kHzなどのように書き出す際にはサンプリング周波数と量子化ビット数、トラック形式などの設定を確認すると良いでしょう。このように量子化ビット数やサンプリング周波数を変えて書き出すことによる音質の違いを確認してみましょう。

ミキシング

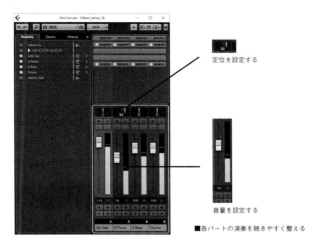

定位を設定する

音量を設定する

■各パートの演奏を聴きやすく整える

SMF で書き出す

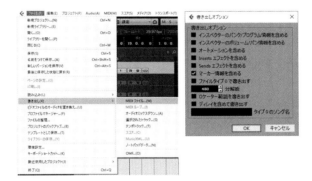

作品のオーディオ化

付録 DAWの操作体験　主なオーディオ編集方法

前項で書き出したオーディオファイルを使用して、オーディオ編集を行ってみましょう

コピー

コピーを行うとコンピューターのクリップボード内に選択範囲のオーディオデータが一時的に保存されます。

別ファイルを作成したい場合や、後述のペーストをする際などに行います。

カット（切り取り）

オーディオファイルの任意の部分を削除したい場合に行います。

例えばAメロ、Bメロ、サビのような流れからBメロの部分を選択してカットを行うと、Aメロ、サビのような縮まった状態になります。

ペースト（貼り付け）

コピーしたデータを任意の位置に貼り付けを行います。

例えばAメロ、Bメロ、サビのような流れからAメロの部分を選択し、Bメロの最後の位置でペーストを行うと、Bメロ、Aメロ、サビのように進行を変えた状態になります。

リバース

選択した範囲のオーディオデータを逆に並べ直す編集方法で、いわゆる"逆再生"になります。

フェードイン / アウト

オーディオデータの音量を徐々に大きくしたり、小さくしたりする編集方法です。

徐々に音量が大きくなる変化をフェードイン、徐々に小さくなる変化をフェードアウトといい、曲の最初や最後などで使用されることがあります。

ピッチシフト

オーディオ内の音程を任意の高さに変化させる機能です。

一般的にピッチシフトで音程を上げると再生速度、あるいはテンポは速くなり、下げると遅くなりますが、速度は変化させず音程のみを変化させられるように設定できる場合もあります。

タイムストレッチ

オーディオデータ内の演奏内容の符割は変化させず、変化させたテンポに追従した演奏を行わせたり、同じテンポの状態で任意の音の演奏時間を変化させたりする機能です。

オーディオ CD からの読み込み

オーディオ CD に収録されているオーディオデータは、CD 自体が再生専用メディアであるため、そのままでは編集ができません。オーディオ CD 内のデータをコンピューターで編集する場合には、コンピューターにオーディオデータを読みこむ作業を行う必要があり、このことを CD リッピング（または単にリッピング）といいます。波形編集ソフトなどや音楽再生ソフトなどには、CD リッピング機能を備えているものが多く見受けられます。

なお、市販の CD は著作権で保護されているものがほとんどですので、その利用の範囲については十分に留意する必要があります。

付録　主なオーディオ編集方法

コピーとペースト

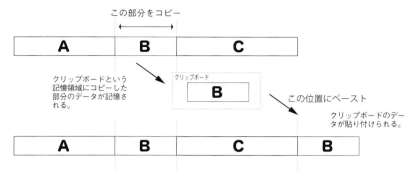

カットとペースト

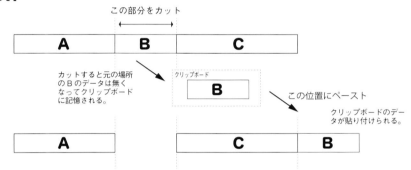

リバース　　フェードイン / フェードアウト

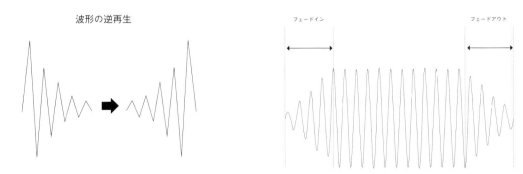

ピッチシフト　　タイムストレッチ

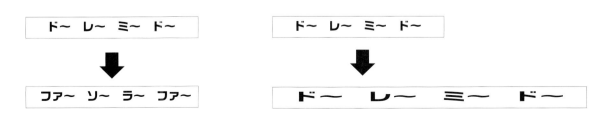

63

ミュージッククリエイター入門
MIDI検定4級対応

令和6年9月1日　第7版 第1刷　発行
定価　1,628円（本体1,480円）

発行・監修・販売：一般社団法人音楽電子事業協会（AMEI）
○発行人：水野滋

制作・編集・著作：MIDI検定指導研究委員会
○編集人：上杉尚史

執筆者
○米谷知己、内藤朗

編集協力
○安保亮、相原耕治、天野翔、近藤晶子、稲穂由季、田口大輔
　平川晋太郎

レイアウト
○上杉尚史
イラスト・表紙デザイン
○安保亮、上杉尚史
販売協力
○株式会社ミュージックトレード社

本書の記事、図版等の無断複製、転載を禁じます。
掲載されている製品名、社名はそれぞれ各社の商標または登録商標です。
乱丁、落丁の際はお取り替えいたします。

ISBN 978-4-908357-11-4　C0073
©2024 Printed in Japan